ABBÉ J. REYNIER

CURÉ DU CHATEAU D'ANCELLE

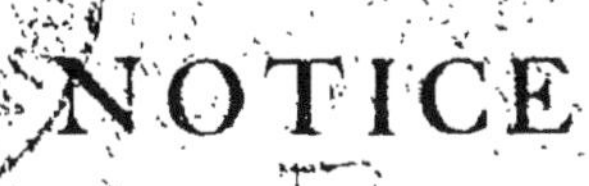

NOTICE

SUR

FAUDON

ET LES DEUX

ANCELLE

(HAUTES-ALPES)

EN VENTE CHEZ L'AUTEUR

ET A LA LIBRAIRIE ALPINE, GAP (HAUTES-ALPES)

PRIX : 5 francs (port en sus)

NOTICE

SUR

FAUDON ET LES DEUX ANCELLE

Avignon. — Imprimerie Aubanel frères.

ABBÉ J. REYNIER

CURÉ DU CHATEAU D'ANCELLE

NOTICE

SUR

FAUDON

ET LES DEUX

ANCELLE

(HAUTES-ALPES)

EN VENTE CHEZ L'AUTEUR

ET A LA LIBRAIRIE ALPINE, GAP (HAUTES-ALPES)

PRIX : 5 francs (port en sus)

AVERTISSEMENT

Par suite des gros frais exigés pour son impression, ce livre était condamné à ne jamais voir le jour. Si nous sommes parvenus à le publier, c'est grâce à quelques-uns de nos compatriotes, émigrés en Amérique, qui ont bien voulu prendre à leur charge une grande partie de la dépense. Voici leurs noms : M. François Pélissier et ses cousins dont les noms suivent : MM. Jean Pélissier et Nicolas Pélissier, Mmes Marie-Julie Pélissier et Vve Germain Pélissier, 2.500 fr. ; M. Antoine Pélissier, 200 fr.

En notre nom et à celui de la population d'Ancelle, nous adressons à ces généreux bienfaiteurs un cordial merci.

Abbé J. REYNIER.

PREMIÈRE PARTIE

VUE D'ANCELLE Cl. Ranguis.

CHAPITRE I

Les Deux Ancelle aujourd'hui

Topographie. — La commune d'Ancelle est à 16 kilomètres au nord-est de Gap et à peu près à égale distance de Saint-Bonnet. Bornée au couchant par le Puy-de-Manse (alt. 1.630 m.) et au levant par les deux Autanes (alt. 2.517 et 2.736 m.), elle s'étend, du nord au sud, depuis les forêts de la Plaine et de Saint-Léger jusqu'aux hauteurs de la Rochette et de la Bâtie-Neuve.

Au centre, sur une longueur de six kilomètres et une largeur de trois, se voit une plaine bordée en partie de bois de hêtres, de mélèzes et de sapins. Très fertile et très bien cultivée, elle est arrosée par les eaux de la Roanne. C'est là que sont coquettement assis les deux chefs-lieux paroissiaux. L'altitude en est, à l'église de celui d'Ancelle, de 1.355 mètres, et à l'église de celui du château, de 1.323.

Climat. — Le plateau d'Ancelle a souvent à souffrir des gelées du printemps et de l'automne. L'hiver y est long et humide, par contre, pendant la belle saison, le séjour y est des plus délicieux.

Revenus. — Sur le terroir on récolte des pommes de terre, le blé, l'orge et l'avoine. Ce qui fait surtout la richesse du pays ce sont les pâturages et les prairies qui permettent aux familles d'élever, l'hiver comme l'été, plusieurs vaches, des porcs et de nombreux troupeaux de moutons ou de brebis.

Depuis un demi-siècle, l'aisance a notablement augmenté. Cela tient aux progrès réalisés en agriculture; cela tient aussi aux économies réalisées par bon nombre d'émigrants pendant leur séjour en Amérique.

DÉPOPULATION. — Et pourtant, depuis un demi-siècle surtout, le pays s'est considérablement dépeuplé. Faut-il l'attribuer à la diminution des naissances? non pas précisément, puisque très nombreuses sont les familles qui comptent de cinq à dix enfants vivants et que pour 100 décès on compte environ 150 naissances. La grande cause en est l'émigration.

Parce que certains faisaient de bonnes affaires en Amérique, on s'y est précipité en foules. Ainsi lorsque, en 1914, éclata la guerre, la commune avait aux États-Unis *plus de cent jeunes gens* mobilisables. A ce chiffre ajoutez ceux qui n'étaient pas en âge de porter les armes et plusieurs femmes ou filles, vous aurez un total effrayant. Aussi, combien nombreuses sont les maisons qui, de mémoire d'homme, sont tombées en ruines, le tableau suivant le dira [1].

Ancelle (bourg). — Eglise dédiée à saint Martin de Tours. — Environ 20 foyers disparus depuis le recensement fait en 1706 par Mgr de Malissoles.

Saint-Hilaire. — Chapelle sous ce vocable fondée vers le XIVe siècle et reconstruite en 1710. — Sur 20 foyers il en reste 13.

Les Faix. — Chapelle fondée en 1743 et dédiée à la sainte Vierge; il n'en reste que le petit clocher et sa cloche. — De 15 familles ils sont passés à 8.

Les Matherons. — Chapelle du commencement du XIXe siècle, dédiée à saint Pierre-ès-Liens. — De 16 foyers sont tombés à 8.

1. Voir archives paroiss. — Ranguis : *Not. sur Ancelle.* — F. Roman : *Not. sur Ancelle : Tableau hist. et Répert. archéol. des H.-A.* — Abbé Guillaume : *Invent. des arch. des H.-A.*, série E. — *Bullet. Société Etud. H.-A.*, 27e année, n° 26.

Les Méans. — De 7 foyers tombés à 4.

Roanne. — De 8 foyers tombé à 3.

Le Château. — Eglise dédiée à sainte Catherine d'Alexandrié. — De 31 foyers il en reste 24.

Le Collet. — Chapelle du XVIIe siècle dédiée à saint Philippe et saint Jacques; il n'en reste que le petit clocher et la cloche. — De 17 foyers, tombé à 8.

Chaume-Froide et Sauron. — De 6 habitants tombé à 5.

Voici un autre tableau non moins triste. Ses chiffres en sont puisés en partie dans les archives paroissiales et partie dans *le Bulletin de la Société d'Etudes :*

En 1339, la commune d'Ancelle avait 234 feux, soit environ 1.290 âmes.

En 1698, habitants....	1.205	
En 1790 —	1.275	
En 1796 —	1.260	
En 1801 —	1.220	
En 1806 —	1.293	
En 1817 —	1.167	
En 1826 —	1.207	
En 1836 —	1.183	(dont 295, paroisse du Château)
En 1846, habitants....	1.163	(dont 320, paroisse du Château)
En 1856, habitants....	1.167	(dont 298, paroisse du Château)
En 1866, habitants....	1.115	
En 1881 —	1.193	
En 1891 —	1.014	
En 1912 —	891	(dont 200, paroisse du Château)

TERRES EN FRICHE. — Ces statistiques expliquent pourquoi tant de terres sont tombées en friche. On les exploitait jadis parce que le pays était très peuplé; on a dû les abandonner parce que les bras manquaient pour les cultiver.

ETYMOLOGIES. — *Ancelle,* en latin du VIIIe siècle *Ancilla,* servante. D'où vient ce nom ? Savines, écrit M. Roman, tire son nom de Sabine, affranchie d'Abbon, à qui le patrice avait donné cette villa par testament en 739. Ne pourrait-on pas supposer qu'il s'est passé quelque chose de semblable pour Ancelle? Ce nom n'aurait-il pas désigné tout d'abord une servante remarquable à qui aurait été faite une pareille donation ?

Champsaur, s'appelait Campania en 739, Campsaurus en 1027, Campus Saurus en 1100 et 1530,

Champsor en 1562, mais jamais champ d'or. — *Faudon*, qu'on écrivait aussi Faoudon, de faou, fayard et du celte dun, montagne des fayards [1]. *Montréviol*, du latin *mons robur*, montagne des rouvres. — *Autane*, en latin *Altana*, haute montagne. — *Puy*, en latin *podium*, élévation. — *Manse*, en latin *mansio*, station romaine.

1. J. Roman : *Etymologie de noms de lieux.*

CHAPITRE II

Notions d'Histoire nationale

APERÇU POLITIQUE

PREMIERS HABITANTS DE NOS PAYS. — Les premiers habitants de nos pays furent les Celtes, qu'on appela d'abord les Gaëls et enfin les Gaulois. De race aryenne, ils étaient venus s'établir dans le bassin du Danube. De là, vers le XIIe siècle avant Jésus-Christ, ils émigrèrent dans les contrées qui reçurent plus tard le nom de Gaule et d'Iles britanniques.

Leur principale divinité était Tentatès. Ils avaient aussi le culte du corbeau *(lugos)* et de l'ourse *(art, andarta)* qui, pour eux, symbolisaient l'un, la divinité du ciel, l'autre la divinité de la terre [1]. De là les noms de Lus, d'Orcières et de Corps *(Corvus)* donnés à certaines localités. Leurs prêtres s'appelaient druides; ils offraient des sacrifices humains, de préférence des jeunes filles.

PEUPLADES ANCIENNES. — Lors de l'occupation romaine, Ancelle appartenait à la confédération des Tricoriens qui comprenait le Trièves, le Beaumont, la Matésine, le Champsaur, le Valgaudemar et le Dévoluy avec les villes de Mens et de Corps. Cette

1. G. de Manteyer : *Bullet. Société Etud. H.-A.*, 29e année, n° 34; *La Pierre de Gap.*

peuplade avait pour voisins, au sud, la confédération des *Caturiges*, dont les villes principales étaient Chorges et Embrun et qui englobait le bassin de la Durance jusqu'à la Saulce et au Buech. A l'ouest de cette rivière, les *Voconces* occupaient le Serrois et les vallées de la Drôme [1].

Les romains. — De l'an 58 à l'an 50 avant Jésus-Christ, les Romains, sous les ordres de Jules César, soumirent la Gaule et y maintinrent leur domination jusqu'au ve siècle, époque des premières invasions des barbares. Ancelle fit alors partie de la province de la Narbonaise.

Leur langue, le latin, se généralisa dans nos pays et, jusqu'au xvie siècle, elle fut la langue officielle; c'est d'elle et d'un mélange de celte qu'a été formé le patois d'abord et ensuite la langue française.

Royaume de bourgogne. — Au ve siècle, les Burgondes, venus de Germanie, ayant chassé les Romains du Bassin de la Saône et du Rhône, y établirent le royaume de Bourgogne qui engloba les Alpes et s'étendit jusqu'à la Méditerranée. Des Burgondes de Germanie ce royaume passa, par droit de conquête en 537, aux rois francs qui le gouvernèrent jusqu'en 1032.

Comté de provence. — Au xe siècle, Guillaume Ier, comte de Provence, ayant chassé les Sarrasins de cette région et de nos Alpes, le roi de Bourgogne l'en récompensa en lui donnant la souveraineté des pays qu'il avait délivrés, et dont il se réserva la seule suzeraineté.

Comté du viennois ou dauphiné. — La création du comté de Vienne avait eu lieu aussi à la suite de l'expulsion des Sarrasins. Le dauphin Guigues-André acquit et ajouta à ses états, par mariage en 1202 et par achat en 1235, la Champsaur, le Gapençais et l'Embrunnais que les comtes de Provence possédaient depuis deux siècles.

1. J. Roman : *Hist. de la Ville de Gap.*

Le dauphiné province française. — En 1349, le Dauphin Humbert, se voyant sans héritiers directs, se dépouilla de cette province au profit du fils aîné du roi de France, en y mettant pour condition que celui-ci et ses successeurs porteraient le titre de Dauphins. Nos contrées étaient enfin absorbées dans la grande unité française.

Duché de champsaur. — En 1611 pour récompenser de ses services Lesdignières qui avait empêché le duc de Savoie de s'emparer du Dauphiné, Louis XIII érigea en sa faveur le Champsaur en duché-pairie. Le duché subsista jusqu'à la grande Révolution.

VOIES ROMAINES

Après la conquête des Alpes, les Romains s'empressèrent de les sillonner de routes en partie pavées qui ont été utilisées pendant tout le Moyen-Age et même jusqu'au XVIIIe siècle, époque à laquelle ont été construites les routes nationales et départementales actuelles.

Voie domitia. — La plus importante de ces routes était la voie *Domitia*, construite, puis améliorée de l'an 20 à l'an 2 avant Jésus-Christ, au témoignage d'Ammien Marcellin. Elle conduisait de *Milan à Arles* par le Mont-Genèvre, Briançon, Gap, Neffes, Sisteron. A Gap prenaient naissance deux embranchements; l'un se dirigeait *vers les Voconces* (Drôme) par Veynes, Aspres et le col de Cabre; l'autre, *vers Mens* (Isère) par le col Bayard, les hauteurs de la Fare, Poligny, Noyer, Glaisil, etc. [1].

Voie de grenoble par le champsaur. — Une autre voie fut créée, très importante et très fréquentée, parce qu'elle mettait directement l'Italie en relations avec le centre de la Gaule : c'est la voie principale de Grenoble par le Champsaur. Greffée sur la voie

1. J. Roman : *Hist. de la Ville de Gap; Tabl. archéol. des H.-A.*

Domitia à l'est de la Bâtie-Neuve, vers la chapelle actuelle de Saint-Pancrace, elle franchissait le col de Moissière (alt. 1.590 m.) et se dirigeait vers la station de Manse-Vieille par le pied nord du mont Saint-Philippe et par Sauron : on l'y reconnaît parfaitement. Elle contournait ensuite le Puy-de-Manse jusque près de la maison de Pellegrin-Prince. De là on peut la suivre très bien ; c'est le vieux chemin qui descend directement au Pont de Frappe, autrefois Villa Santa, et qui est encore pavé sur une certaine longueur. Franchissant ensuite le Drac, elle passait à Saint-Bonnet, Saint-Eusèbe, Aubessagne, Corps, etc. [1].

Vers la station de Manse-Vieille, une branche de cette voie faisait communiquer le Haut-Champsaur avec Gap [2].

Voie d'Orcières. — A Moissière la voie du Champsaur se bifurquait ; une branche secondaire, praticable aux mulets, conduisait à Orcières en passant par le collet et le bois d'Orcerette, par Libouse, la forêt de Saint-Léger et le Pont-du-Fossé [3].

VOYAGEURS ILLUSTRES

Nos parages ont été traversés par de hauts personnages. Citons-en quelques-uns d'après M. l'abbé Guillaume [4].

Bellovèse. — C'est par le Champsaur et les cols de Bayard, de Manse ou de Moissières que paraît avoir passé Bellovèse, 507 ans avant Jésus-Christ, lorsque, suivi des Gaulois de l'Auvergne et du centre de la Gaule, il conquit le nord de l'Italie où il fonda Milan dont il fit sa capitale.

Annibal. — Parti d'Espagne avec son armée, il vint infliger aux Romains de sanglantes défaites, 218 ans

1. Abbé Ranguis : *Not. sur Ancelle.*
2. J. Roman : *Ibid.*
3. Abbé Ranguis : *Ibid.*
4. *Invent. arch. de Guillestre* : Introd.

avant Jésus-Christ. Or, le seul passage possible pour le général carthaginois, avec ses éléphants, a été la vallée de la Durance et le col du Mont-Genèvre; partout ailleurs il eût rencontré des obstacles insurmontables. A la suite de Tite-Live et de Polybe commentés par E. Desjardins, nous croyons donc qu'ayant remonté les vallées du Rhône et de l'Isère, il a pris celle du Drac et qu'il est arrivé à la Durance par Chorges, après avoir franchi les *saltus Tricorios,* c'est-à-dire les *cols de Bayard et de Manse.*

Les romains. — Un demi-siècle avant Jésus-Christ, Jules César traversa le Mont-Genèvre avec son armée. Après avoir mis en déroute les Caturiges qui essayaient de l'arrêter, il parvint aux confins des Voconces, *in fines Vocontiorum*, c'est-à-dire près de la Roche-des-Arnauds. De là pour aller battre les Helvètes qui marchaient sur le Forez (Lyonnais) il entra dans la vallée du Drac *par les cols de Bayard et de Manse* qu'il repassa plusieurs fois au cours de ses expéditions en Gaule *(De bello Gallico).*

Tel fut aussi l'itinéraire que durent suivre, après lui, plusieurs empereurs ou généraux romains : tels, en 69 et 70, Fabius Valens, et Domitien *(Tacite, lib. I, 66)* en 356, Julien l'Apostat, qui se rendait de Milan à Vienne par Briançon et Embrun *(Ammien Marcellin, lib. XV, 8)*; en 387, l'empereur Maxime *(Sigonius, lib. IX)*, etc. Et comme les Romains avaient établi une station militaire à Manse-Vieille et que la voie par Moissières et cette localité était plus directe, il est hors de doute que telle fut la voie qu'ils suivirent toujours.

Papes. — C'est la même voie que dut prendre, en 804, le pape Calixte II qui se rendit à Reims par le Mont-Genèvre. — De même, vers 1055, le célèbre cardinal Hildebrand, plus tard Grégoire VII, allant par Embrun présider une réunion d'évêques à Lyon. -- De même, en 1095, Urbain II, se rendant par le Mont-Genèvre à Clermont pour y prêcher la première croisade.

Les dauphins. — La voie du Champsaur par Manse-Vieille et Moissières était celle que suivaient les comtes de Vienne souverains du Dauphiné, dans leurs voyages à Embrun : tels Guigues II en 1357, Humbert Ier en 1294, Jean en 1297, Humbert II en 1344, Louis II en 1449. Aussi porte-t-elle encore en certains endroits, le nom de Chemin-des-Dauphins ou route Soubeyrane (souveraine). — Les Dauphins avaient un château de plaisance non loin de cette voie, au Rival, près du Pont-du-Fossé.

Rois de france. — Cette voie fut pareillement suivie par un certain nombre de rois de France; citons Louis XI, en 1449, lors de son pèlerinage à la cathédrale de N.-D. d'Embrun, à laquelle il fit don des orgues. — Charles VIII, en novembre 1490, allant en pèlerinage au susdit sanctuaire. — Pour reconquérir le Milanais perdu, Louis XII, en 1499, prend, à l'aller et au retour, la voie Saint-Bonnet, Manse, Moissières. — En août 1515, François Ier allant remporter la victoire de Marignan, passe par Manse-Vieille où il est harangué par les consuls de Gap. (J. Roman : *Tabl. Hist. des H.-A.)*; retour par la même voie. — En 1525, il se rend de nouveau en Italie, où il est vaincu et fait prisonnier à Pavie : aller et retour par Manse-Vieille et Moissières. En 1537, écrit M. J. Roman, il passe à proximité de Gap, donc, à Manse-Vieille, et le lendemain, 30 octobre, il couche à Embrun. — En 1629, Louis XIII et Richelieu, de retour du Piémont, prennent la voie de Moissières, Manse, Aubessagne où ils couchent au château des Herbeys. A l'aller, ils avaient couché au château de Lesdiguières et une brillante réception leur avait été faite à Gap.

Vers le milieu du XVIIIe siècle, sera construite la route nationale actuelle de Gap à Grenoble et c'est par là, puis par la voie ferrée, qu'auront lieu désormais les relations entre la France et l'Italie. Quant à la voie du Champsaur par Manse-Vieille, Saint-Philippe, Moissières, elle n'existera plus qu'à l'état de souvenir.

CHAPITRE III

Origines des Deux Ancelle

PAIENS ET CHRÉTIENS

Il y a 1900 ans, l'idolâtrie la plus grossière régnait dans nos montagnes avec son cortège hideux de vices, mais elle allait céder la place à la religion de Jésus-Christ. Ici comme partout ailleurs, c'est dans les grandes agglomérations d'abord que fut prêché l'Evangile et que l'on vit se fonder les premières chrétientés; la raison en est que la moisson s'y annonçait plus abondante et que la foi ne devait pas manquer de rayonner de là dans les régions d'alentour.

Les paysans des campagnes reculées, qu'on appelait *pagani*, du mot latin *pagus*, village, pays, restaient donc plongés dans les ténèbres de l'erreur alors que les habitants des villes étaient déjà chrétiens. De là vient que ce nom de *pagani*, d'où est dérivé celui de païens, fut employé pour désigner les idolâtres.

Les premiers apôtres des Alpes. — *A Gap.* — Au Ier siècle saint Démètre prêche le christianisme à Gap qui venait d'être fondé par les Romains; il devient premier évêque de cette ville et il y reçoit la couronne du martyre. Il est remplacé sur ce siège par saint Tégide, ensuite par saint Remède, qui sont martyrisés. (IIe et IIIe siècles). Parmi leurs successeurs citons saint Constantin et saint Constant (Ve et VIe siècles), saint Arey (VIe siècle) et saint Arnoux (Xe siècle).

A Embrun. — Après avoir été évangélisés sans résultats durables par saint Nazaire et saint Celse, (Ier siècle), Embrun et ses environs furent définitivement convertis par saint Marcellin, premier évêque de cette ville (XIe siècle).

Dans les campagnes. — A partir de la seconde moitié du Ve siècle, l'histoire ne fait plus mention d'idolâtrie dans les Alpes. Il faut en conclure que, suivant l'exemple des citadins, les paysans avaient à peu près tous embrassé le christianisme. C'est donc à cette époque que l'on peut faire remonter la fondation de bon nombre de paroisses rurales.

A Ancelle. — Etant donné son voisinage de Gap et d'Embrun et sa situation sur une voie romaine, il est à croire que, parmi les populations rurales, celle d'Ancelle a été l'une des premières à recevoir le bienfait de la foi.

LE LAC D'ANCELLE

SA DISPARITION. — Jadis la plaine d'Ancelle était un lac : telle est la tradition confirmée par la configuration des lieux et un sol sablonneux. Au commencement de l'ère chrétienne, les eaux la couvraient entièrement jusqu'au pied de la montagne de Pinouse ; la preuve en est qu'au lieu de diriger directement de Moissière à Saint-Léger leur voie d'Orcières, les Romains durent la faire grimper par le col et le bois d'Orcerette, où elle est encore reconnaissable, avec long et pénible détour jusqu'à l'entrée de la gorge sauvage de Rohanne.

Un jour vint où, après avoir baissé insensiblement à mesure qu'elles creusaient leur lit de sortie, les eaux achevèrent brusquement de briser ce qui restait de leur barrière. Se précipitant impétueusement par cette issue, leur masse énorme ensevelit, sous une épaisse couche de blocs, de graviers et de limon, la villa de Santa, située au confluent de la Rohanne et du Drac.

VILLA DE SANTA. — Cette villa était habitée par des Gaulois et des Romains et avait une certaine importance. C'est ce qu'indiquent les objets découverts sous ses ruines, tels les suivants : des haches en silex, une grande quantité de débris de poteries, de verre et de fer; de beaux spécimens de l'art du bronze, entr'autres un serpent, un paon, une patère un buste de Jupiter, dieu des Romains; enfin un autel en pierre dédié à Mars, autre dieu de ce peuple, et portant l'inscription MARTI. Plusieurs de ces objets sont au musée de Gap [1].

EPOQUE DE CE CATACLYSME. — Quand se produisit ce cataclysme? Ce fut évidemment après le martyre, en 307, de sainte Catherine d'Alexandrie : en effet, d'après les traditions locales, la villa, devenue chrétienne, avait pris cette sainte pour titulaire de son église, et de là son nom de Santa tout court. Ce serait donc entre le ve et le vi^e siècle, mais pas après, puisque la villa n'est mentionnée, ni dans le testament d'Abbon, en 739, ni dans la bulle d'Eugène III, dont il sera bientôt question. — A mesure que le lac se desséchait, s'y reproduisaient les diverses espèces d'arbres environnants et en peu de temps la plaine fut transformée en une vaste forêt.

Pour la rendre propre à la culture, il fallait donc la défricher. Ici comme partout ailleurs, l'exécution de cette entreprise colossale fut due, il n'y a pas à en douter, à l'initiative des religieux bénédictins qui, dès le VIIIe siècle, vinrent évangéliser notre pays [2].

1. J. Roman : *Répert. archéol.*

2. Ce sont les moines, qui, en Europe, ont défriché les immenses solitudes et, parmi eux, les Bénédictins tiennent le premier rang, puisque leur règle prescrit sept heures de travail manuel par jour, (Mabillon, Maury, Montalembert, Aug. Thierry, Guirqued et tous les historiens).

FAUDON

Village gaulois. — Situé à 1.700 mètres d'altitude, dans un désert, sur un amoncellement de roches désagrégées, le village de Faudon était adossé au mont Saint-Philippe qui l'abritait contre les vents du nord et de l'ouest. Il n'en reste plus que des ruines, à travers lesquelles on distingue encore les principales rues.

De fort misérable apparence, les maisons étaient bâties en pierres sèches et recouvertes en chaume ou en planches.

D'après les traditions locales, il formait une petite ville et existait avant que fût fondée celle de Gap ; il remonterait donc à plus de vingt siècles.

Quoi qu'il en soit, il est certain que cet antique village était très important : autant qu'on peut en juger par ses ruines, il devait comprendre au moins quatre-vingts habitations, ce qui représenterait une population de plus de 400 âmes.

Il est certain pareillement qu'il existait à l'époque gauloise : la preuve en est dans les nombreux tumulus que l'on a découverts tout près de là. En 1843, l'ingénieur Lukris en fit ouvrir un. Sous quelques pierres, écrit M. J. Roman, on trouva des ossements de deux ou trois personnes. Au milieu d'elles était un bracelet en bronze, un disque de 75 millimètres orné d'un bord relevé, une fibule en fer formée de deux boules jointes par une tige, enfin une petite hache en calcaire nummulitique très connu sur place. Or, ajoute notre savant archéologue, ceux qui ensevelissaient ainsi leurs morts étaient des Gaulois de la confédération des Tricoriens. (M. J. Roman : *Not. sur Ancelle)*.

Un chemin, se dirigeant vers le nord de Saint-Philippe, conduisait du village à la voie romaine qui en était distante de 1.500 mètres.

Lac. — Prés de Faudon, se trouve un petit lac qui tend de plus en plus à disparaître.

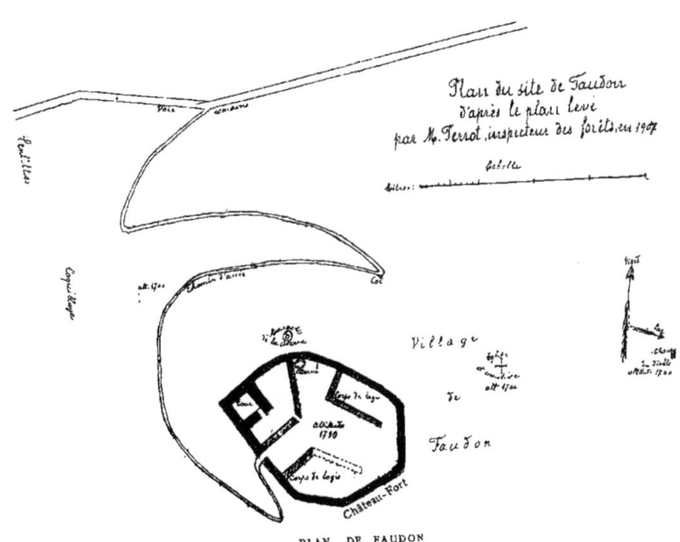

PLAN DE FAUDON

Lentilles. — Sur le versant nord du mont Saint-Philippe, près de la voie romaine, l'on peut voir l'un des antiques rivages de la mer nummulitique, lequel fut soulevé à cette altitude sous l'influence du feu central. Il est caractérisé par d'abondantes pétrifications dans le calcaire de coquillages marins, et spécialement par un vrai fouillis de petits disques ayant la forme de pièces de monnaie (en latin *nummus),* ou plutôt de lentilles.

De là le nom de champ de lentilles donné à cet endroit.

Casses. — Sur le versant nord du mont Saint-Philippe, on voit d'énormes et curieux amoncellements de blocs de gneiss désagrégés, ayant parfois plusieurs mètres de profondeur et connus sous le nom de casses. Ils ne proviennent pas de la montagne, puisqu'elle est en calcaire nummulitique formé de longs siècles après le gneiss, et sur lequel, par conséquent, les couches de cette dernière roche n'auraient pu se superposer. Quelle en est donc la provenance? Ils ont eté détachés des montagnes du Briançonnais et de l'Embrunais et chariés là, disent les géologues, par les immenses glaciers qui, aux origines du globe terrestre couvraient les Alpes et s'étendaient jusque bien avant dans la Provence.

Légendes. — Sur Faudon plane je ne sais quoi de mystérieux qui y attire les touristes; aussi que de légendes merveilleuses fabriquées par l'imagination populaire! Légende sur le village dont on fait une ancienne ville. Légende sur un gros bloc erratique perché au sud-est du village et qui porte le nom de *Chaire du diable.* Légende sur le lac où auraient été tragiquement engloutis de jeunes impies [1]. Légende sur les casses qu'un évêque, trompant le diable, aurait réussi à lui vendre en partie au lieu d'un riche domaine que celui-ci espérait. Légende sur les menus

1. Après qu'ils eurent, dit-on, manqué gravement de respect au Saint Viatique que portait un prêtre, la glace sur laquelle ils se divertissaient se rompit brusquement sous leurs pieds.

coquillages pétrifiés : à un paysan qui semait des lentilles un pèlerin demanda ce qu'il faisait : « *Samenan de peirillouns* », répondit ironiquement ce dernier ; « *eh ben, moun brave, de peirillouns recoultares* », ajouta l'inconnu. Légendes sur le château, légendes sur la turne du diable, étroite et très profonde excavation, etc.

Tour romaine, chateau seigneurial. — D'après les traditions locales les Romains avaient élevé, sur le sommet du mont Saint-Philippe, (altit. 1.720 m.) une tour à signaux qui servait en même temps à la défense de la voie. Cette croyance est confirmée par des débris de tuiles gallo-romaines qui y ont été trouvées ; tuiles creuses et tuiles à rebord.

La tour disparut à la fin de la domination romaine. Sur son emplacement les seigneurs de Faudon, au XIe siècle, bâtirent leur premier château-fort, lequel subsista jusque vers l'an 1210 [1].

Paroisse de Faudon. — Au XIIe siècle, Faudon formait paroisse. En effet, dans une bulle de 1152, le pape confirmait à l'abbaye de la Novalaise, non une simple chapelle, *capella*, mais une église de Faudon, placée sous le vocable de saint Félix. *In Faldone ecclesiam sancti Felicis*.

Après avoir fait construire cette église en souvenir de son père Félix, le patrice Abbon l'avait donnée par son testament de 739, ainsi que Faudon, à la susdite abbaye, qui fut dès lors chargée d'y assurer le service religieux. C'est donc vers cette date que remonte la paroisse [2].

Le cimetière et l'église par conséquent, étaient au centre du village. L'emplacement en est tout gazonné ; en y grattant le sol avec une pioche, on y découvre encore en quantité des débris d'ossements humains.

Chef-lieu de mandement. — L'importance de Faudon comme population et comme paroisse le

1. G. de Manteyer : *Les Fouilles de Faudon*.
2. *Ibid*.

firent choisir, peu après l'an 1000, comme chef-lieu du mandement de ce nom et un château-fort y fut construit. Voici ce qu'écrit à ce sujet M. J. Roman [1] :

« Lorsqu'un mandement porte le nom d'un village c'est la preuve certaine que ce village a été chef-lieu de mandement. Un village chef-lieu de mandement était toujours, à l'origine, le plus important du mandement, et le village le plus important du mandement était toujours centre paroissial. »

Disparition du chateau et du village de Faudon. — On peut constater, écrit M. J. Roman, qu'après le XIIIe siècle, il ne reste plus rien de Faudon [2]. Son château, dit M. G. de Manteyer, fut incendié et rasé vers 1210 [3]. Il est plus que probable, ajouterons-nous, que l'incendie dut se communiquer au village et le dévorer complètement. Son église devint alors une simple chapellenie à prébende, *capellania*, comme l'appelle, en 1307, l'évêque Geoffroy de Lincel, laquelle continua à dépendre du prieuré bénédictin de Romette. Le 13 décembre 1734, elle avait pour recteur Charles-Bruno Céas [4].

Emigration des habitants au Collet et a Ancelle. — Que devinrent les habitants de Faudon? Réduits à vivre, dans leur désert de privations et de misère, ils soupiraient vers des pays meilleurs. Mais, d'après la législation féodale, il leur était interdit de s'expatrier hors du mandement sans y être autorisés par le seigneur, sous peine d'avoir leurs biens confisqués par lui. Or, le seigneur ne pouvait accorder cette autorisation à une population d'une telle importance sans sacrifier les intérêts du mandement. Quelques-uns d'entre eux, d'après M. G. de Manteyer [5], allèrent se fixer au Collet où ils avaient des terres.

1. *Réponse à l'abbé Ranguis à propos de sa notice sur Ancelle.*
2. *Dict. histor. des H.-A.*
3. *Les Fouilles de Fandon.*
4. Abbé Ranguis : *Not. sur Ancelle et Réponse à M. J. Roman.*
5. *Les Fouilles de Faudon.*

Aux autres le seigneur remit des terres à défricher dans le lit desséché du lac, et ils vinrent y fonder le futur bourg d'Ancelle. Telle est l'opinion de M. J. Roman [1]. Quant aux seigneurs de Faudon, ils établirent leur résidence au village du Château.

LE CHATEAU D'ANCELLE

SON ORIGINE. — Après Faudon vient, par ordre d'ancienneté le château d'Ancelle qui, avant la construction du château-fort dont il a pris le nom, s'appelait *Ancelle* tout court. Que son origine soit antérieure à celle du bourg d'Ancelle, voici qui le démontre :

1° *Sa situation.* — D'après les traditions locales, corroborées par la mise à jour d'antiques substructions, ce village fut primitivement situé au sommet de la colline de Sainte-Catherine. Il remonte donc, comme tous les villages semblables, à l'époque des grandes invasions où l'on bâtissait sur les hauteurs, afin de pouvoir se défendre plus facilement contre les ennemis.

2° *Cachettes.* — Sur cette colline on a découvert, au-dessous des anciennes habitations, de nombreuses cachettes, une douzaine au moins, comme on n'en voit pas ailleurs, donc antiques. Les habitants pensent qu'elles ont été des espèces de silos construits lors de l'invasion sarrasine (fin du xe siècle). Elles sont creusées dans le rocher, en forme de dames-jeannes ou de nos anciennes *bondes* à grains. Dans l'une, située hors des remparts et mesurant 2 mètres de profondeur sur 1 m. 50 de gros diamètre, on a trouvé des cendres et des ossements ; elle a été utilisée comme réservoir — regard de la fontaine publique. A l'intérieur de l'enceinte, une autre contenait du blé brûlé ; une troisième, la bride d'un cheval dont le mors a été déposé au musée de Gap.

1. *Not. sur Ancelle.*

CIMETIÈRE ET ANCIENS REMPARTS DU CHATEAU Cl. Ranguis.

3° *Tuiles gallo-romaines.* — Sur cette colline nous avons trouvé aussi de nombreux débris de tuiles gallo-romaines, pour toitures, soit creuses, soit à rebord. Le village y existait donc aux premiers temps de l'ère chrétienne et, pour le plus tard, avant le xe siècle [1].

4° *Témoignages d'archéologues.* — Telle est l'opinion de tous les archéologues. Voici ce qu'en dit le savant M. G. de Manteyer :

« A cette époque (en 1152), l'agglomération actuelle d'Ancelle n'existait pas encore ; les habitants de la vallée de la Roanne se trouvaient autour *de l'église de Saint-Martin dans le hameau dit actuellement le Château* [2]. »

5° *Chef-lieu paroissial.* — Puisque le bourg d'Ancelle n'existait pas, c'est donc d'Ancelle du Château qu'il s'agit dans le testament d'Abbon. Ce testament est de l'an 739. Or, la villa d'Ancelle qu'il léguait à la Novalaise y est dite avoir été possédée successivement par au moins trois propriétaires : Persa, Abbon Félix, père, et Abbon son fils. Elle existait donc déjà depuis une centaine d'années au moins, c'est-à-dire depuis 650.

A supposer que la paroisse d'Ancelle n'eut pas été fondée lors de son évangélisation au ve ou au vie siècle, elle dû l'être plus tard au viiie par les religieux de la Novalaise à qui cette terre fut donnée. C'est donc à l'une de ces époques que fut construite, au village actuel du Château, l'église primitive de Saint-Martin-de-Tours, dont il sera question dans la bulle

1. *Tuiles gallo-romaines.* — Lors de la conquête, les romains avaient introduit en Gaule l'usage et la fabrication, pour tombes, de dalles à crochet en terre cuite et, pour toitures, celui des tuiles creuses et des tuiles à rebord servant de crochet sur toute leur largeur. Après eux, les tuiles creuses continuèrent à être employées, mais dans la Provence seulement. Quant aux tuiles à rebord, leur usage ne survécut pas longtemps à la domination romaine (fin du ve siècle) ; au xe siècle il n'en existait plus : L'industrie de la tuilerie ne reprit chez nous, mais sous une nouvelle forme, qu'après l'incendie de Gap en 1692 et celui de Saint-Bonnet en 1722.

Les Romains avaient des fabriques de poterie à Manse-Vieille, au col de Bayard, à Pouillardeuc, à l'allée de Saint-Jacques (David Martin : Poteries. *Bullet. Société Etud. H.-A.* 16me année, n° 22.

2. *Les Fouilles de Faudon.*

d'Eugène III, en 1152. Son titulaire étant mort en 400, la paroisse n'a pu être fondée qu'après cette date.

6° *Chef-lieu de mandement.* — Chef-lieu paroissial le Château l'était encore dans la première moitié du XIIIe siècle (1210-1250), puisque, à cette date, c'est là qu'après la destruction de Faudon, les seigneurs de ce nom établirent le second chef-lieu de leur mandement.

PLACE FORTE. — Les de Faudon y construisirent un château qu'ils environnèrent de remparts en maçonnerie, *mœnia*, encore visibles en partie, d'une épaisseur de 1^{m}20 et de 300 mètres environ de développement. De là le nom de Château-Fort d'Ancelle, *Castrum de Ancelle* [1], sous lequel ce village fut dans la suite désigné. En 1395, le château était occupé par Pierre de Montorcier, qui reconnaissait le tenir de noble Antoine Rambaud et de sa femme noble Arnaude Philoche, lesquels l'avaient acquis des seigneurs de Faudon [2].

DISPARITION DU VILLAGE PRIMITIF. — Une partie du village était primitivement à l'intérieur de l'enceinte et, comme le château, fut à trois reprises dévoré par le feu. Sur son emplacement on trouve, en effet, trois couches distinctes de cendres. Dans le dernier de ces incendies, celui de 1425, il fut détruit totalement On le rebâtit dans la plaine, au bas de la colline, où quelques maisons existaient déjà, telles celles des nobles de Bataille [3] dont l'escalier intérieur porte la date de 1500, celle de son moulin et celle d'Espitallier Joachim.

Actuellement, sur l'éminence de Sainte-Catherine, il ne reste plus que la maison Lombard Brigadel qui est mentionnée dans les reconnaissances du XVIe siècle, comme située hors des remparts, *extra castra*, à côté du Rochasson, *juxta Rochassum*, et appartenant à un certain Richier. Hors des murs, sur le devant du

1. *Invent. archives des H.-A.*, série E.
2. *Ibid.*
3. *Ibid.*

château, *ante castrum,* à l'endroit occupé par la choulière actuelle du presbytère, habitait un forgeron du nom de Guigues; on y a trouvé de nombreux débris de forge [1].

LE CIMETIÈRE PRIMITIF. — Mais, dira-t-on, si le chef-lieu paroissial fut d'abord au Château, comment se fait-il que l'on n'y trouve pas trace d'antique cimetière ? Voici la réponse :

Les Romains, lors de la conquête, avaient l'habitude d'ensevelir leurs morts sur des hauteurs, le long de leurs voies. De là l'origine des cimetières de Frustelle (Saint-Nicolas), de Bénévent, de Beauvert, du Chastelas (Aubessagne), etc. Devenus chrétiens, les Gaulois, continuèrent, pendant des siècles, de se faire inhumer dans ces champs de repos d'origine païenne, jusqu'à ce que l'usage se fut introduit d'en créer autour des églises.

Il en fut de même ici. Situé sur une petite éminence, près de la voie de Chorges à Orcières, le premier cimetière d'Ancelle est celui dans lequel fut rebâtie l'église actuelle vers la fin du XIIIe siècle ou au commencement du XIVe; il remonte à l'occupation romaine.

EGLISE DE SAINTE-CATHERINE. — Vers la fin du XIIIe siècle le titre paroissial fut transporté au bourg d'Ancelle. La population du Château remplaça alors son ancienne église par une autre qui fut dédiée à sainte Catherine, l'illustre vierge et martyre d'Alexandrie. Cette église n'est pas mentionnée dans la bulle d'Eugène III en 1152; donc elle n'existait pas encore. Mais il en est question dans une reconnaissance de 1395; elle date donc de la fin du XIIIe siècle ou du commencement du XIVe. Elle était située à l'intérieur de l'enceinte et au nord du château féodal, ainsi que nous l'apprend une reconnaissance, dans laquelle nous lisons : « Pierre de Montorcier reconnaît tenir de noble Antoine Rambaud et de sa femme Arnaude Philoche une maison située à l'intérieur de l'enceinte,

1. *Invent. arch. des H.-A.*

à côté des remparts, *infra castrum juxta mœnia,* devant l'église de Sainte-Catherine, *ante ecclesiam Sante-Catharine* [1]. » De là le nom de Sainte-Catherine que conserve la colline sur laquelle elle s'élevait.

Incendiée en 1425, puis détruite par les protestants au XVIe siècle, elle fut reconstruite au bas de la colline. La taille des pierres de la porte d'entrée, devenue porte latérale, semble indiquer un travail du XVIIe siècle.

Sur le sommet de la colline la commune a construit un cimetière en 1838.

LE BOURG D'ANCELLE

Son origine. — De ce qui précède il résulte que ce village n'a commencé à exister qu'après le dessèchement du lac et le défrichement de la forêt.

Composé d'abord de quelques rares maisons, il acquit un développement très considérable dans la première moitié du XIIIe siècle (1210-1250), parce que c'est là surtout que, attirés par les avantages du site, les habitants de Faudon émigrèrent et se bâtirent des habitations sur la rive droite de la Roanne. Depuis lors ce village ne cessa de progresser, au point de devenir une charmante bourgade où l'on compta plus de cent foyers.

Chef-lieu paroissial. — L'église paroissiale de Saint-Martin, située, avons-nous dit, au château d'Ancelle, fut bientôt insuffisante à contenir ce surcroît de population. Devenus les plus forts par le nombre, les habitants du nouveau village obtinrent qu'elle fut rebâtie chez eux, au milieu de l'ancien cimetière. C'est ainsi que, vers la fin du XIIIe siècle ou au commencement du XIVe, ce village devint à son tour chef-lieu paroissial.

Chef-lieu de mandement. — A la même époque, le chef-lieu du mandement y fut transféré par les nobles

1. *Invent. arch. des H.-A.*

Philoche, qui avaient acheté la seigneurie des de Faudon, et qui y établirent leur résidence. Ceux-ci eurent pour successeurs les nobles Rambaud, puis les de Montauban, puis les de Piolenc et enfin les d'Hugues, qui furent dépossédés par la grande Révolution.

SON ENCEINTE ET SES QUARTIERS. — Dès le XVe siècle, Ancelle était divisé en trois quartiers : celui de *Villa de Ancelle* au centre; celui du Serre, *Serratum*, et celui de Champ-Croumpa [1]. Dans les écrits de ce temps-là on trouve des familles Boisset, mais le quartier de ce nom n'est mentionné nulle part [2].

Le bourg était entouré d'une enceinte de défense, comme l'indique le nom de Porte Guigne, qui est actuellement encore donné à l'une de ses entrées. Mais cette enceinte consistait simplement en un large fossé avec palissade dont il est souvent question dans les reconnaissances de l'époque [3].

LES HAMEAUX

Dans les reconnaissances des XIVe et XVIe siècles, outre le bourg et le village du Château, se trouvent mentionnés les hameaux suivants [4] :

Les Faix, *Fayssiæ*. — Les Matherons, *Matharoni*. — Les Méans *Meanses*. — Le Collet, *Colletum* (alt. 1.450 m.). — Chaume-Froide, *Calma-Frigida* (alt. 1.450 m.). — Saint-Hilaire ou Villaron, *Sancti Ylarii, alias Villarium*. Derrière ce hameau, on a découvert un ancien cimetière contigu aux habitations et dont personne ne soupçonnait l'existence. Les squelettes étant alignées comme dans une tranchée, on se demande si ce cimetière n'aurait pas été celui d'un champ de bataille.

1. Champ acheté par les bergers de Provence pour y parquer leurs troupeaux.
2. *Invent. arch. des H.-A.*, série E.
3. *Ibid.*
4. *Ibid.*

LE VILLAR, *Villare.* — Village disparu, à l'ouest et tout près de Saint-Hilaire. On y a mis à jour des substructions en maçonnerie. — Le mas des frères Tapparels, *mansum de Tapparelis fratribus*, grande ferme disparue aussi et située au-dessous du Villar, où l'on trouve des restes de maçonnerie.

Ne sont pas mentionnés dans les reconnaissances de cette époque [1].

ROANNE. — Village construit jadis par des bergers, à près de deux heures à l'est du chef-lieu, aux sources de la Roanne et au fond d'une gorge sauvage où pâturent, en été, de nombreux troupeaux de moutons. De là, passage à Réallon par le col de la Couppa (alt. 1.830 m.).

MOISSIÈRES. — Situé sur le col qui fait communiquer directement Ancelle avec la Bâtie-Neuve et Chorges. Par suite de son exposition au nord et de son altitude (près de 1.600 m.), les avoines et les blés printaniers y sont parfois recouverts de neige avant leur maturité.

1. *Reconnaissances.* — Dans l'ancien droit, on désignait sous ce nom des écrits par lesquels on déclarait tenir de tel seigneur tel immeuble, terre ou maison, à la charge de lui en payer annuellement, en nature ou en espèces, un cens ou rente déterminé.

Afin d'éviter la prescription au détriment des droits du seigneur, ces reconnaissances devaient être renouvelées assez souvent, mais surtout à chaque changement du propriétaire ou du tenancier.

CHAPITRE IV

Ancelle donné aux Bénédictins

ABBON ET SA DONATION

Le patrice Abbon [1]. — Fils de Félix, le patrice franc Abbon avait pour oncles Valchin, archevêque d'Embrun (736-739) et Symphorien, évêque de Gap. Il possédait d'immenses domaines à Suse (Piémont), dans l'Embrunnais, le Gapençais, le Diois, le Valentinois, la Provence et le Dauphiné.

Il était non moins remarquable par sa piété. L'un de ses ancêtres avait fondé, vers 480, l'abbaye bénédictine de la Novalaise en Piémont. Cette abbaye ayant été détruite, en 575, par les Lombards, Abbon la rétablit en 726 ; et par testament en date de 739, il lui légua des biens très considérables. Après sa nouvelle destruction par les Sarrasins, vers 920, ces biens passèrent à l'abbaye de Brême en Lombardie et finalement à celle de Saint-Victor de Marseille, l'une et l'autre dépendantes de la grande abbaye bénédictine de Cluny [2].

1. La dignité du patriciat avait été instituée par l'empereur Constantin ; elle était à vie et donnait le premier rang après les Césars. L'on n'y parvenait ordinairement qu'après avoir passé par les plus hautes charges de l'Etat, comme celles de consul, de préfet du prétoire, de préfet de Rome (*Bullet. Société Etud. des H.-A.* année 1884, pp. 420 et suiv.).

2. J. Roman et Ranguis. *Not. sur Ancelle.*

Sa donation. — Parmi les biens qu'Abbon légua à la Novalaise figurent les suivants : Autane, *Altana,* qu'il tenait en alleu de ses parents; Ancelle, *Ancilla,* que son père avait acquis d'une nommée Persa; *l'Alpe Cassauda*, ou montagne aux casses de Faudon, et les autres terres qu'il possédait dans le Champsaur, *in Campania* [1].

Etendue de la donation d'Abbon. — Parmi les églises dont le pape Eugène III, par une bulle en date du 9 février 1152, confirma la propriété à l'abbaye de Brême, citons les suivantes :

« L'Eglise de Saint-Pierre de Romette; celle de Saint-Jean d'Auriac, *de Auriaco* (au bas de la Rochette); celle de Montréviol, *de Monte Rovereo*; celle de Saint-Félix de Faudon, *in Faldone ecclesiam Sancti-Felicis;* dans la vallée d'Ancelle, celle de Saint-Martin, *in valle Ancilla ecclesiam, Sancti-Martini;* celle de Saint-Julien de Buissard, *apud Buxart;* celle de Sainte-Marie de Chabottes; celle de Saint-Laurent, celle de Laye, *de Laya;* celle de Saint-Bonnet avec ses chapelles, *ecclesiam Sancti Boniti cum capellis sibi pertinentibus;* celle d'Aspres, *De Aspere;* celle de Sainte-Marie en Valgaudemar, *Sante-Marie de Valle;* à Corps, *in Corbo*, l'église de Saint-Pierre avec ses chapelles; celle de Saint-Brême, *Sancti Beligni;* celle de Saint-Julien et celle de la Salette; à Ambel, celle de Saint-Pierre avec ses chapelles, etc., etc. [2].

A remarquer qu'à Faudon comme à Ancelle, dans la bulle, ce n'est pas une chapelle qui est indiquée, mais une église, c'est-à-dire un centre paroissial.

LE PRIEURÉ DE ROMETTE

Son établissement. — En vertu de la donation d'Abbon, l'Abbaye de la Novalaise devint chargée d'assurer le service religieux dans les paroisses ci-dessus indiquées, moyennant le droit d'y per-

1. Abbé Ranguis : *Not. sur Ancelle*

2. G. de Monteyer. *Ibid.* — Abbé Guillaume : *Les Sarrasins et les Hongrois.* — Cipolla : *Monument Noval*, t. I, p. 254. — Mgr Dépéry : *Hist. hagiol. du dioc. de Gap.*

cevoir la dîme et d'y exercer le juspatronat. Pour mieux les administrer, fut fondé un prieuré à Romette, sous la dépendance duquel elles furent placées [1].

SAINT ELDRAD. — Au IXe siècle, l'un des abbés de la Novalaise fut saint Eldrad qui avait succédé à Hugon, fils de Charlemagne. Or, d'après le bréviaire de Gap, il était d'Ambel où il fonda un monastère (le Monêtier d'Ambel) et un hôpital. C'est dire avec quel zèle il veilla à ce que ses compatriotes de la vallée du Drac ne manquassent pas de pasteurs [2].

RELIGIEUX ET PRÊTRES SÉCULIERS. — Les Bénédictins de la Novalaise succédèrent donc, chez nous, aux prêtres séculiers qui y avaient jusque-là exercé le saint ministère. Ils eurent affreusement à souffrir, eux et leurs fidèles, pendant les quatre-vingts ans (890-975) que dura l'invasion des Sarrasins qui détruisirent complètement l'abbaye de la Novalaise. Après l'expulsion des infidèles, ils furent remplacés par les religieux de Saint-Brême, auxquels succédèrent ceux de Saint-Victor de Marseille. Enfin, au commencement du XVe siècle, reparurent les prêtres séculiers, placés à la fois sous la dépendance de l'évêque et sous celle du prieur de Romette [3].

LA DÎME. — Jusqu'en 1789, les prieurs de Romette perçurent la dîme à Ancelle, au taux du 22e pour les grains et les agneaux. En y ajoutant le revenu de quelques terres, elle leur rapportait, au XVIIIe siècle, environ 1.500 livres; en 1789, elle était affermée 1.000 livres. Sur cette somme ils avaient à payer aux curés de Saint-Martin et de Sainte-Catherine les portions congrues, soit 500 livres à chacun; de plus, ils devaient fournir une partie du mobilier des deux églises [4].

LE JUSPATRONAT. — On entend par là le droit qu'avaient les prieurs de présenter à l'évêque des

1. J. Roman : *Not. sur Ancelle.*
2. *Brév. de Gap.* 13 mars.
3. Abbé Guillaume : *Ibid.*; abbé Ranguis : *Ibid.*
4. Abbé Ranguis : *Not. sur Ancelle.*

candidats pour les cures, et d'agréer ou de refuser les sujets choisis par lui. Ainsi, en 1535, on voit le prieur présenter à l'évêque Hugues de Saint-Marcel, pour sa nomination à la cure d'Ancelle. Le 13 juillet 1687, le prieur Guillaume de Révillac, fait opposition, par devant notaire Charles Leblanc, à la nomination comme curé du Château de Benoît Dalmas, attendu que l'évêque l'avait nommé sans en avoir référé au susdit prieur décimateur [1].

Prospérité et décadence du prieuré. — En 1317, ce prieuré avait quinze religieux. En 1380, il était le plus riche de la province; ses revenus s'élevaient à 300 florins d'or.

Il déclina rapidement, par suite de mauvaise administration, à partir du jour où il appartint à des abbés commanditaires, car ces abbés étaient des étrangers à l'Ordre, parfois de simples tonsurés nommés par le roi pour gérer les revenus de ces établissements, et tout d'abord pour en profiter eux-mêmes. *(Semaine relig. de Gap*, nov. 1917 : Prieuré de Lagrand).

1. Abbé Ranguis : *Not. sur Ancelle.*

CHAPITRE V

Les Grandes Invasions

LES PREMIERS ENVAHISSEURS[1]

Les vandales. — En 433, les Vandales, conduits par Genséric, franchissent le Rhin et se ruent sur la Gaule orientale, puis dans les Alpes où ils saccagent tout et commettent toutes sortes d'atrocités. Embrun ne fut sauvé que par un miracle de saint Marcellin.

Les burgondes. — Entre 407 et 480, les Burgondes, de race germanique, chassent les Romains de tout le bassin du Rhône, y compris le Dauphiné et la Provence, et ils y fondent leur royaume de Bourgogne.

Les ostrogoths. — D'origine germanique aussi, les Ostrogoths, après avoir conquis le nord de l'Italie, envahissent les Alpes ; mais les Burgondes finissent par les repousser. C'était en 523.

Les francs. — En 537, conduits par les fils de Clovis, les Francs font la conquête de la Bourgogne, et sur les ruines de la monarchie germaine ils fondent une monarchie franque.

1. J. Roman : *Hist. de la ville de Gap* ; Mgr Dépéry : *Hist. hagiol. du dioc. de Gap.*

Les lombards. — Peuple germanique, les Lombards s'étaient emparés du nord de l'Italie en 568. De là ils traversent les cols des Alpes, pillent le pays et rentrent chez eux, chargés de butin. En 580, ils reviennent à la charge, ravagent Gap et ses environs, ainsi que toute la Provence jusqu'à Marseille. Ils sont enfin vaincus et écrasés, sous Montdauphin, par les Burgondes qui les refoulent en Italie.

Les saxons. — Peu de temps après, les Saxons, autre peuple germanique, pénètrent à leur tour dans les Alpes qu'ils livrent au pillage, mais d'où ils sont bientôt repoussés.

Les hongrois. — Ces peuples sortaient des montagnes de l'Oural. En 924 et en 951, leurs hordes sauvages et féroces envahissent nos pays, pillant, incendiant et massacrant tout sur leur passage. Ils sont enfin taillés en pièces par le roi de Bourgogne et leurs débris vont se fixer au nord du Danube [1].

L'INVASION SARRASINE [2]

L'invasion. — Venus d'Afrique par l'Espagne qu'ils avaient conquise en partie, les mahométans Arabes, Maures ou Sarrasins avaient déjà envahi la Provence en 729. En 890, nouvelle invasion qui s'étendit, non seulement dans cette contrée, mais dans nos Alpes, dans la Savoie et tout le Dauphiné. Cette invasion fut de toutes la plus horrible, car elle se prolongea jusqu'en 975, c'est-à-dire pendant 85 ans.

Cruautés des sarrasins. — Ces ennemis acharnés du nom chrétien ne vivaient que de brigandages ; ils étaient constamment occupés à dévaster le pays, à piller et incendier villages, églises et monastères, et à massacrer ceux qui ne leur plaisaient pas. Par eux, Chorges devint la proie des flammes. A Embrun, ils

1. J. Roman : *Hist. de la ville de Gap;* Mgr Dépéry : *Hist. hagiol. du dioc. de Gap;* abbé Guillaume : *Les Sarrasins et les Hongrois.*
2. *Ibid.*

passèrent au fil de l'épée ou précipitèrent du haut du roc une grande partie des habitants. Ils pillèrent et détruisirent le célèbre monastère de la Novalaise; dans celui de Fontaines-de-Vulturne (Italie), ils coupèrent la tête à neuf cents moines.

Leurs cruautés étaient telles que le souvenir en est resté vivant dans nos pays. Au Château d'Ancelle on fait remonter à leur époque les cachettes de Sainte-Catherine dont nous avons parlé précédemment; dans la famille Espitallier Joachim, il est de tradition de leur attribuer un incendie dont la maison porte encore des traces, incendie qui, selon nous, aurait été causé par les Lombards en 1425. — Dans un hameau de Champoléon, on célèbre la fête de dix mille soldats chrétiens crucifiés en Arménie vers l'an 120; Or, il n'est pas rare d'entendre dire dans certaines familles de la région qu'il s'agit de dix mille chrétiens martyrisés dans nos montagnes par les Sarrasins.

Les Sarrasins, disent les historiens, s'étaient rendus maîtres de tous les cols et défilés qui conduisent de France en Italie, donc aussi de ceux d'Orcières, de Bayard, de Manse et Moissières. Là ils rançonnaient, détroussaient ou égorgeaient les nombreux pèlerins qui allaient à Rome ou en revenaient et, d'après les chroniqueurs de cette époque, Flodoard, Luitprand, Raoul Claber, le nombre de ceux qui furent ainsi massacrés est incalculable.

Arrestation de S. Mayeul. — L'une des arrestations qui firent le plus bruit fut celle de S. Mayeul, abbé de l'abbaye bénédictine de Cluny (Saône-et-Loire), alors célèbre dans toute l'Europe.

Accompagné d'une suite nombreuse, il revenait d'Italie par Freissinières et le col d'Orcières. Il franchit le Drac de Champoléon, mais voilà que, faisant irruption de leurs repaires fortifiés de Château-Sarrasin [1] et des Tourengs, des bandes de Sarrasins,

1. Château-Sarrasin se trouve dans le bois, en-dessous de Clos-Davin, à 400 mètres à l'ouest des Ricous et au-dessus du canal de Gap. On peut y remarquer les vestiges d'un groupement de huttes à base de pierres sèches. De même une tour dont les murs en gros blocs ont près de deux mètres d'épaisseur et une hauteur de deux mètres aussi.

nombreuses à former une armée *(Sarracenorum exercitus)*, disent les chroniqueurs, fondent sur la caravane et mettent les voyageurs en fuite. Quant à S. Mayeul, elles le saisissent, le dépouillent de tout, l'enchaînent et le jettent en prison. Les Sarrasins ne lui rendirent la liberté, au bout de vingt-quatre jours, qu'après avoir reçu de l'Ordre de Cluny mille livres d'argent, c'est-à-dire, d'après M. Reynaud, de l'Institut [1], 700.000 francs de notre monnaie.

Lieu de son arrestation. — Voici en quels termes les Bollandistes citent les chroniqueurs de cette époque : « Après avoir franchi les hauts sommets des Alpes, Mayeul et ses compagnons descendaient les pentes du Mont-Genèvre et de ses contre-forts *(cum Jovini declivia sequerentur)*, jusqu'à un village situé sur les rives du Drac et nommé le Pont-d'Orcières *(ad villam usque quæ, prope Dranci fluvii decursum posita, Fons Usarii quodam vocitari erat solita)*. Le torrent ne laisse de libre, au fond de la gorge que l'emplacement occupé par le susdit village. » Voilà très explicitement désignés le Drac et le Pont-d'Orcières ou Pont-du-Fossé. J'ajoute qu'en face de Château-Sarrasin un quartier porte le nom de Mayeul, sans doute pour rappeler l'endroit où le saint fut arrêté.

Aussi est-ce là que son arrestation est placée par presque tous les historiens; tels les suivants : le P. Fournier (*Hist. des Alpes-Maritimes*); les auteurs de *Gallia christiania;* Théod. Gautier (*Précis de l'Hist. de Gap*); Ladoucette (*Hist. des H.-A.*); Mgr Dépéry (*Hist. hagiol.*); l'abbé Guillaume (*Les Sarrasins et les Hongrois*) [2].

1. *Invasion des Sarrasins en France.*

2. Certains historiens placent cette arrestation en Suisse, au pied du col Saint-Bernard où coule un torrent appelé la Drance, *Dranco* et où se trouve un village du nom de Pont-d'Orcières. Cette opinion nous parait probable.

EXPULSION DES SARRASINS [1]

LA GUERRE SAINTE. — Après tant de crimes accumulés, l'arrestation de S. Mayeul acheva d'exaspérer les catholiques. Contre les infidèles la guerre sainte est prêchée par les évêques, et le roi de Bourgogne ordonne à ses comtes et autres seigneurs de prendre les armes. Guigues II, comte de Vienne, chasse les Sarrasins de la Savoie et du Graisivaudan.

LES EXPLOITS DE GUILLAUME Ier. — De nos côtés, Guillaume Ier, comte de Provence, est mis à la tête de l'expédition. Dans la Provence, les Sarrasins avaient réuni une armée de 20.000 hommes ; il les bat et les passe au fil de l'épée à Colmars (Basses-Alpes), s'empare de Castellane et de leur repaire de la Garde-Frainet (Var).

Ensuite il vient les chasser de Ribiers où Beuvons de Noyers en fait un affreux carnage à Peyrempie (rocher impie). Il les expulse de même de Laragne, d'Orpierre, du col de Cabre, de Rosans, de la forêt de Durbon, de Mont-Seleucus (Bâtie-Montsaléon), de Veynes, de Montmaur, de la Cluse et du Dévoluy, de Rabou et de toute la vallée de Buech, de Seyne, de Gap et d'Embrun ; puis, chez nous, de la forêt de Barbairoux (en-dessus de Saint-Bonnet), de Villard-Mouren, de Château-Sarrasin, des cavernes de Corbières et de toute la vallée d'Orcières, etc.

De là il va les tailler en pièces au Plan-de-Phasy. Enfin, il poursuit en vainqueur leurs débris dans le Queyras, à Freissinières, dans la Vallouise et le Briançonnais, au Mont-Genèvre, à Exilles, à Oulx et dans toute la vallée de Bardonèche.

Commencée en 972, cette brillante campagne se termina en 975. La lugubre tyrannie sarrasine dans nos Alpes avait duré 85 ans.

1. *Hist. hagiol. du dioc. de Gap.*

Après tous ces exploits, Guillaume Ier combla de largesses les établissements de S. Mayeul, ainsi que bon nombre d'églises; il donna aux évêques de Gap la moitié de cette ville et fit une donation semblable aux archevêques d'Embrun. Enfin, il prit l'habit religieux et, plein de gloire et de mérites, il mourut entre les bras de S. Mayeul, en 992, laissant la couronne comtale à son fils, Guillaume II.

CHAPITRE VI

La Féodalité

SON ORIGINE, SES SERVICES, SA FIN

SON ORIGINE. — La Féodalité, a dit Guizot [1], remonte au Ve siècle et fut une conséquence des grandes invasions. Une fois maîtres du pays par la conquête [2], les chefs des bandes germaniques se virent dans la nécessité d'en faire part aux guerriers qui les avaient secondés. Ils partagèrent donc diverses portions du territoire entre les chefs secondaires de l'expédition, en s'en réservant la suzeraineté et en y mettant certaines conditions de soumission, de fidélité et de secours. De là la création des grands feudataires, ducs, comtes, marquis, barons.

Mais sous des princes faibles, ces grands feudataires accrurent peu à peu leur puissance. Les fiefs ou territoires concédés par le souverain étaient d'abord viagers; ils les rendirent héréditaires. Puis, ils parvinrent à y exercer tous les droits de la souveraineté, levant les impôts, rendant la justice. battant monnaie, faisant la paix et la guerre, etc.. Enfin, ils se mirent à

1. *La Civilisation en Europe*, leçon IV.
2. Les conquérants laissèrent aux anciens colons un tiers des terres et gardèrent pour eux le reste (abbé Courval : *Hist. de France*).

partager, à leur tour, leurs terres en fiefs qu'ils concédaient à des conditions semblables à celles qui les liaient au roi. De là l'origine des petits seigneurs comme les de Faudon.

Services qu'elle rendit. — Si les invasions, et spécialement celle des Sarrasins, furent repoussées, a écrit M. l'abbé Guillaume [1], paysans et bourgeois le durent aux seigneurs, transformés en vaillants capitaines sous les ordres de qui ils combattirent. Après avoir été si longtemps terrorisées et réduites à la dernière extrémité, les populations reconnaissantes furent heureuses d'avoir et de conserver à leur tête ceux qui avaient été leurs libérateurs. Un contrat s'établit entre elles et les seigneurs. Ceux-ci promettent de les défendre contre les ennemis. En retour, ils reçoivent l'assurance de leur soumission, de leur fidélité, de leur dévouement et du payement de certaines redevances nécessaires à la défense commune.

Afin de parer à l'éventualité de nouvelles attaques, la Féodalité, avec le concours des populations, organise partout la défense. Châteaux et bourgs se rebâtissent au sommet de collines escarpées et s'entourent de remparts ou *barris* au milieu desquels se trouve toujours l'église. C'est ainsi que nous avons, datant des Xe, XIe et XIIe siècles, ces villages et ces villes jadis fortifiés parmi lesquels on compte Faudon, *Turris de Faudaone* et le Château d'Ancelle, *Castrum de Ancelle* [2].

Son déclin et sa fin. — Née d'un besoin de l'époque, la Féodalité, écrit J. Guiraud [3], se maintint puissante aussi longtemps qu'elle fut nécessaire ; à partir du jour où diminuèrent ses services, elle alla en déclinant. Au XIIe siècle, les communes commencèrent à s'affranchir de l'autorité des seigneurs et à s'administrer elles-mêmes, et c'est ainsi que disparurent peu à peu les attributions des seigneurs.

1. *Les Sarrasins et les Hongrois.*
2. *Ibid.*
3. *Hist. part., hist. vraie ; La Féodalité.*

RÉGIME FÉODAL

Devoirs du vassal [1]. — Les seigneurs avaient des devoirs à remplir envers le comte, leur suzerain, et celui-ci envers le roi, suzerain suprême. Citons les suivants :

Chaque nouveau propriétaire d'un fief était obligé de reconnaître les droits du suzerain sur ce fief et de lui en payer les *droits de relief* ou de mutation, lesquels égalaient les revenus d'une année. Il lui devait aussi *l'hommage*, c'est-à-dire le serment de lui garder pleine et entière fidélité. De même *les chevauchées*, c'est-à-dire qu'il était obligé de lui fournir, chaque année, pour une période de service militaire d'un mois, un nombre déterminé d'hommes équipés à ses frais à lui, vassal.

Redevances féodales [2]. — Parmi les diverses redevances que le peuple avait à payer aux seigneurs citons les suivantes :

A payer au Dauphin : la taille comtale; en outre des redevances *sur les pâturages, sur les coupes de bois, sur les canaux, les moulins* et *les fours.*

A payer soit au Dauphin, soit aux seigneurs inférieurs : Tasches ou dîmes sur les céréales, une quantité de blé par maison, variant suivant le nombre de têtes de bétail possédé; *taille personnelle*, établie suivant le nombre de bêtes de somme possédées; *corvées annuelles* pour l'entretien des chemins, des fours, des moulins et les réparations à faire au château; *droits de péage* sur les ponts; *leydes* ou droits de circulation sur les marchandises; *amendes judiciaires; service militaire; droit de confiscation* sur quiconque vend ses biens ou les quitte sans l'autorisation du seigneur, etc.

Toutes les fois que le serf entrait en possession d'une terre féodale, soit par achat, soit par donation,

1. J. Roman : *Dict. hist. des H.-A.*
2. *Ibid.*

il était obligé de signer une reconnaissance par laquelle il déclarait la tenir du seigneur de cette terre.

ADMINISTRATION PROVINCIALE [1]. — Pour administrer l'Etat, les Dauphins avaient établi des *baillis*. Au-dessous de ces magistrats étaient les *châtelains delphinaux*, qui faisaient rentrer les impôts et les versaient à la *Chambre des Comptes*. Chez nous il y avait le baillage du Gapençais, celui de l'Embrunnais et celui du Briançonnais. Le Champsaur avait une châtellenie qui dépendait du bailliage du Graisivaudan (Isère).

Au XVIIIe siècle, Richelieu créa les *intendants*, qui eurent la haute main sur toute l'administration provinciale. Nos Alpes dépendaient de l'intendance de Grenoble.

JUSTICE [2]. — Dans chaque mandement, le *châtelain* était juge, pour le seigneur, des cas de peu d'importance; au-dessus de lui était le *châtelain delphinal*. Plus haut, les *baillis* auxquels succédèrent les *vibaillis*, et dont la compétence s'étendait sur les crimes aussi bien que sur les délits. Enfin, au sommet, pour juger en dernier ressort, était le *Conseil delphinal*, lequel fut érigé en *Parlement* en 1453.

MANDEMENTS [3]. — Chaque bailliage était divisé en un certain nombre de mandements à la tête desquels était un *seigneur majeur* : tel celui de Faudon. Celui-ci avait un homme d'affaires appelé *châtelain seigneurial* par lequel il gérait les affaires du mandement Mais depuis l'affranchissement des communes ces affaires étaient de peu d'importance; elles se résumaient à peu près à présider les réunions du Conseil municipal et à en faire exécuter les décisions.

Au point de vue judiciaire, ses pouvoirs, et par conséquent ceux du châtelain, ne dépassaient pas

1. J. Roman : *Tabl. hist. des H.-A.*
2. *Ibid.*
3. *Ibid.*

ceux de nos juges de paix ou de nos commissaires de police.

Affranchissement des communes [1]. — Du XIIe au XIIIe siècle, les Dauphins accordèrent aux communes des droits d'usage sur les forêts et les montagnes pastorales dont ils étaient propriétaires, et cela moyennant une rente annuelle. Enfin, ils leur octroyèrent *des chartes d'affranchissement* dont les principales clauses étaient ordinairement les suivantes :

Suppression des tailles arbitraires moyennant, tantôt une somme fixe annuelle, tantôt un impôt sur chaque maison variant suivant le nombre de bêtes de somme qu'elle possède. — Suppression des corvées arbitraires, moyennant un nombre fixe de journées de travail pour les hommes et les bêtes de somme, à faire à époques déterminées. — Remplacement des tasches ou dîmes par une quantité fixe de céréales et de vin. — Concession à chacun de disposer de ses biens entre vifs ou par testament, moyennant une redevance annuelle; dans la même condition, suppression des droits de main-morte et d'aubaine. — Liberté de pâturage, moyennant un agneau par trente bêtes à laine. — Suppression des droits de leyde et de péage et liberté de commerce. — Moyennant une redevance annuelle, suppression de bannerie ou droit de punir les délits ruraux. — Dans les mêmes conditions : renonciation au droit de chasse et de colombier. — Enfin, *autorisation aux habitants de nommer des consuls chargés d'administrer les biens de la communauté, de répartir les impôts, de constater et de punir les délits ruraux* [2].

1. J. Roman : *Tabl. hist. des H.-A.*

2. Aux habitants des bourgs on donna le nom de *bourgeois ;* ceux des villes ou villages furent appelés *villains; manant*, du latin, *maneus*, a la même signification que domicilié; *rustres*, du latin *rusticus*, signifie campagnard.

CHAPITRE VII

Revenus et Charges du Clergé avant 1789

REVENUS [1]

Leurs sources. — Au xvie siècle, les revenus de l'Eglise de France s'élevaient à cent millions. Cette richesse provenait : 1° de terres acquises soit par achat soit par donations des fidèles; 2° du patrimoine laissé à leurs églises ou à leurs abbayes par des évêques ou des abbés issus de familles très riches, et ce cas était fréquent; 3° de la dîme.

La dîme. — En France, le taux de la dîme variait du 10e au 60e selon les pays. Tandis que, dans le Bas-Département, elle était généralement fixée au 12e des grains et au 16e du vin, à Ancelle et dans le reste du Champsaur, le décimateur ne prélevait que le 22e des grains et des agneaux.

CHARGES [2]

Les impôts. — Si les terres d'église, comme celles de la noblesse, étaient exemptes de l'impôt appelé la taille, le clergé avait à payer *les impôts indirects*

1. J. Guiraud : *Hist. part., hist. vraie*, 3e volume.
2. *Ibid.*

qui atteignaient tout le monde. En outre, il en existait qui ne pesaient que sur lui ; tels les suivants :

1° *Les annates du Souverain Pontife.* — C'était le droit au revenu total d'une année sur les évêchés et autres bénéfices auxquels il nommait. — 2° *La régale* ou droit qu'avait le roi de percevoir les revenus des évêchés et des abbayes pendant leur vacance. — 3° *Les emprunts forcés* que les rois exigeaient des évêchés et des abbayes. — 4° *Les décimes*, c'est-à-dire un ou plusieurs dixièmes du revenu global des biens du clergé que les rois exigeaient quand ils avaient besoin d'argent.

Les écoles. — Avant 1789, les écoles étaient complètement à la charge de l'Eglise, et les enfants du peuple y recevaient *gratuitement* l'instruction primaire. Or, avant la grande Révolution, de l'aveu d'Albert Duruy, l'Eglise avait établi *des écoles dans toutes les paroisses*. De plus, elle avait, en France, *564 collèges* fréquentés par près de *80.000 élèves* dont la moitié avaient des bourses ou des demi-bourses.

L'assistance publique. — C'est l'Eglise aussi, et non l'Etat, qui était chargé de l'assistance publique sous toutes ses formes. Le 24e du produit de la dîme était destiné au soulagement des pauvres de la paroisse. C'est à elle que nous sommes redevables de toutes les institutions de bienfaisance : hôpitaux, orphelinats, maisons de refuge où l'on était confié au dévouement de ses religieux et de ses religieuses.

Un certain nombre de ces hôpitaux furent appelés Hôtels-Dieu, parce que c'est Jésus-Christ qu'elle entend assister dans la personne des malades qu'elle y recevait.

D'après la règle de saint Benoît, tous les monastères de l'Ordre étaient tenus d'avoir dans leurs dépendances, outre des hôpitaux pour les malades, des hospices pour les voyageurs, et les pauvres devaient y être reçus gratuitement.

Les hôpitaux chez nous [1]. — M. J. Roman a compté, dans les Hautes-Alpes seulement, *plus de*

1. J. Roman : *Tabl. hist. des H.-A.*

quarante hospices, maladreries ou léproseries fondés par l'Eglise, pendant le Moyen-Age, et disséminés spécialement le long des routes.

Il y avait des hospices à Gap, à Chorges, à la Bâtie-Neuve, à Chauvet, à Bénévent, etc.; quant aux maladreries, on en trouvait à Gap, à Saint-Laurent, à Saint-Bonnet, à Saint-Julien, à Saint-Eusèbe *(mausale)*, aux Costes *(malateria)*, à Aspres, à Corps, etc. Ancelle en possédait pareillement une en 1388 *(malopterie)*; on y voyait aussi, près de la voie romaine et probablement à Moissières ou à Sauron, un hospice pour les voyageurs [1].

1. Le nom d'Espitallier, *Espitallarius* en latin du XVe siècle, paraît venir d'*Hospitallarius*, gérant d'un hospice.

CHAPITRE VIII

Seigneurs du Mandement de Faudon

LES DE FAUDON

Mandement de Faudon. — Le mandement de Faudon comprenait, outre ce village jadis très important, toute la communauté d'Ancelle ainsi que celle de Saint-Léger. Il fut créé par les comtes de Provence, sans doute pour récompenser un de leurs capitaines des services qu'il leur avait rendus pour l'expulsion des Sarrasins, et celui à qui ils le donnèrent en fief prit le nom de cette terre. C'était dans les dernières années du xe siècle, ou au commencement du xie.

Les premiers de Faudon [1]. — Le premier document connu où paraît un membre de cette famille, *Adalelme de Faudon*, date du pontificat de l'évêque de Gap, Féraud (1010-1040); cet Adalelme assista comme témoin à la dédicace de l'église de La Garde, près Gap [2]. On voit ensuite *Rodolphe de Faudon* apposer, comme témoin, sa signature à un acte de donation faite par les comtes de Provence, vers 1040,

1. G. de Manteyer : *Les Fouilles de Faudon.*
2. Juvénis : *Hist. du Dauphiné*, t. III, p. 49.

à l'église de Saint-André de Gap. Après lui viennent, en 1044, *Richaud* et *B. de Faudon;* ensuite, à la fin du XIe siècle et au début du XIIe, *Roux de Faudon* et *Rolland de Faudon;* puis, dans la première moitié du XIIe siècle, paraît *Rousset,* fils de Roux, et un autre *Richaud* qui fut père de *Hugues*.

CHATELAINS DU COMTE [1]. — En 1044, dans l'acte de partage de la ville de Gap et de sa banlieue entre le comte de Provence et l'évêque de cette ville, on voit Richaud et B. de Faudon prêter serment en qualité de mandataires du comte; ils figurent au premier rang de ses vassaux, immédiatement après P. de Mison que le comte allait créer vicomte du Gapençais et de l'Embrunais et le charger d'administrer en son nom ces deux régions. Si les de Faudon occupaient ce rang éminent, c'est que le comte leur avait octroyé les fonctions héréditaires de châtelains ou bailes, pour le représenter et gérer ses affaires, en son absence, dans l'administration de la ville de Gap.

SOURCES DE LEUR FORTUNE [2]. — Aux revenus de leur fief de Faudon s'ajoutaient donc ceux de leur charge, lesquels étaient considérables. En effet, les châtelains percevaient les impôts pour le comte. Le produit de cette perception devait leur permettre, en principe, de pourvoir aux nécessités des services publics et, accessoirement, de se rémunérer eux-mêmes de leurs fonctions, ce qu'ils faisaient aussi largement que possible. Or, quels étaient leurs bénéfices, on va en juger :

1° D'abord dans l'administration de la justice, pour les causes capitales qui entraînaient la mort ou l'exil, on confisquait les biens des condamnés. Quant aux causes courantes, au lieu de condamner les gens à la prison, on frappait leur bourse. Or, de toutes ces amendes, prononcées à Gap par le juge du comte, les seigneurs de Faudon avaient le tiers, en qualité de châtelains.

1. Juvénis : *Hist. du Dauphiné*, t. III, p. 49; G. de Manteyer : *Ibid.*
2. *Ibid.*

2° Ils avaient le tiers aussi de la taxe sur la transmission des biens immeubles, taxe qui s'élevait au tiers du prix d'achat.

3° Le tiers pareillement des leydes et droits de péage.

Et il en était de même de tous les autres droits.

En outre, les châtelains avaient le droit d'habiter dans les dépendances de la maison du comte à Gap, et celui de prendre leur bois de chauffage dans ses taillis de Saint-Mains.

En 1184, une sédition ayant éclaté à Gap, l'un des hommes du comte fut horriblement massacré dans l'église de Saint-André où il s'était réfugié. Parmi les condamnations qui furent prononcées relevons les suivantes :

« *a*) Les habitants éléveront au comte, dans la cité, une tour dont les murs seront épais d'une canne et hauts de seize. Ladite tour sera environnée d'une courtine dont les murs mesureront huit palmes d'épaisseur (près de deux mètres) et huit cannes de hauteur. — *b*) De plus, ils verseront au comte *une contribution de quarante mille sous guillelmins* ou raimondins. »

Or, le tiers de cette somme revint aux seigneurs de Faudon.

Avec de tels revenus on comprend que ces seigneurs aient pu faire construire leurs places fortes de Faudon et du Château d'Ancelle et acheter ou faire bâtir une maison à Gap [1].

Leur décadence [2]. — En 1209, les Dauphins, ayant acquis le Champsaur, le Gapençais et l'Embrunnais, remplacèrent les fonctionnaires héréditaires par des fonctionnaires révocables à volonté. Les de Faudon perdirent par là même leur titre héréditaire de bailes ; ils se trouvèrent ainsi dans les conditions de simples seigneurs du mandement de Faudon.

1. Cette maison était située à l'angle formé par la rue de France et la rue Peyrolière.

2. *Invent. arch. des H.-A.*, série E, pp. 155 et ss. ; J. Roman : *Not. sur Ancelle ;* G. de Manteyer : *Item.*

Ce fut le commencement de leur décadence. Elle ne fit que s'accélérer avec *Humbert, Raymond, Raimbaud, Guillaume, Jean, Arnaud, Pierre, Jacques* et *Antoine de Faudon*. A partir de 1404, le nom de la famille ne paraît plus dans les actes du mandement, preuve que, ayant peu à peu tout aliéné, elle n'y possédait plus rien.

LES DERNIERS DE FAUDON[1]. — Que devint cette famille? En 1486 paraît *Michel de Faudon*. — En 1513, *Pierre de Faudon* est apothicaire à Gap et ses biens tombent de 577 à 370 florins de revenu[2]. — En 1519, *Gratien de Faudon* achète à Jean Marsaud la mistralie du Champsaur ou charge d'y percevoir les impôts delphinaux. — En 1520, *Pierre* et *Arnaud de Faudon* héritent de Jean de Montbrand sa coseigneurie de Chaillol, où ils transportent leur domicile.

En 1543, *Gratien de Faudon* est aussi apothicaire à Gap; ses biens immeubles montent de 648 à 733 florins. En cette même année, il achète au Dauphin sa part domaniale de Chaillol. En 1458, il achète à Antoine et à Arnoul d'Orcières leur part de montagnes pastorales de Champoléon. — *Jacques*, frère de Gratien et d'*Antoine*, criblé de dettes, est obligé de vendre la maison que les de Faudon possédaient à Gap. — Gratien, coseigneur de Chaillol, eut pour fils *Guillaume* et pour petit-fils *Jacques* (1585). Celui-ci n'eut qu'une fille, *Philis*, qui épousa Jacques du Gril; sa lignée était tombée en quenouille.

SUCCESSEURS DES SEIGNEURS DE FAUDON

ALIÉNATION DE LA SEIGNEURIE[3]. — La presque totalité de la seigneurie de Faudon passa aux Artaud, aux

1. *Invent. arch. des H.-A.*, série E, pp. 155 et ss. ; J. Roman : *Not. sur Ancelle;* G. de Manteyer : *Item ;* J. Roman : *Tabl. hist. des H.-A.; Arch. municip. de Gap.*

2. Au XVIe siècle, le florin valait 3 livres 25, ce qui représenterait environ dix francs en 1913.

3. *Invent. arch. des H.-A*, série E, pp. 157-165.

Philoche, aux Rambaud, aux d'Orcières et aux de Champoléon, par ventes ou par donations.

Petits seigneurs. — Il y eut parfois simultanément, à Ancelle, jusqu'à dix petites seigneuries; telles celles de Montorcier (1366-1370), d'Isoard (1344), de Marcou (1402), de Rousset, (1560), de Sayne, Rodolphe, Girard [1], du Pin, de Ponnat, de Bataille (1530-1789). Mais elles finirent peu à peu par être absorbées par les grandes; lors de la grande Révolution, au dessus de celle de Bataille il ne restait plus que la seigneurie du marquis d'Hugues et celles des de Champoléon.

Les Artaud [2]. — Cette famille était peut-être une branche de celle des Artaud de Montauban, barons de Montmaur et descendants des comtes de Die.

En 1309, on trouve *Reynaud Artaud*, coseigneur d'Ancelle. Il a pour fils *Guillaume* (1330-1344) dont une sœur, *Françoise*, épouse, en 1342, Hugues Rambaud, seigneur de Montgardin, à qui elle apporte en dot une part de la seigneurie d'Ancelle. — A Guillaume succède son fils, appelé *Guillaume* aussi. Celui-ci augmente ses terres, en 1370, en achetant la coseigneurie que les de Montorcier possédaient à Ancelle. Enfin, vers 1395, il fait héritier son cousin, noble *Pierre Rambaud*, fils de sa tante Françoise Artaud.

Les Philoche [3]. — Lors de la disparition des de Faudon, les Artaud tenaient près de la moitié de la terre d'Ancelle; l'autre moitié appartenait aux Philoche. La seigneurie de ce nom remonte à 1260 environ, époque à laquelle on trouve à Ancelle *Guigues Philoche*. — Au milieu du XIVe siècle, l'un de ses descendants, *Guillaume Philoche* (1336-1357), la partage entre ses deux fils, *Ancelle* et *Guigues*.

1. Les Girard ont été maires d'Ancelle de 1710 à 1752 et de 1896 à 1907. D'une branche de cette famille est issu l'abbé Girard, né à Chorges en 1844 et curé de Montgardin.

2. J. Roman : *Not. sur Ancelle; Tabl. hist.*

3. *Ibid.*

A Ancelle Philoche succède *Guigues* dont la fille, *Artaude*, apporte sa part, vers 1395, à son mari, noble *Antoine Rambaud.*

Guigues Philoche, de l'autre branche, a pour successeurs son frère *Pierre* (1360), puis *Arnoul* (1382) et enfin *Marie,* fille de ce dernier, qui épouse *Claude d'Orcières* et lui apporte sa part en 1427.

Les d'Orcières et les Champoléon [1]. — *Claude d'Orcières*, coseigneur de Montorcier et de Chaillol, eut donc, par mariage, une moitié de la coseigneurie des Philoche. Ses successeurs furent : son neveu *Martin* (1439), *Jacques* (1490), *Aynard* (1530), *André* et *Antoine* (1541), *Jeanne,* fille d'André et héritière de la coseigneurie qu'elle apporta à son mari, Jean d'Yze (1560-1590). Celui-ci eut pour fils *Jean-Antoine* qui, en 1600 la vendit à *Charles-Martin de Champoléon.*

De Charles-Martin de Champoléon la coseigneurie passe à ses descendants. *Pierre* (1630), *André* (1683), *Gaspard* (1696), *Charles-Arnoul* (1750-1760), enfin à Catherine, fille de ce dernier qui l'apporte en dot à son mari, *Lelong de Dréneulk,* seigneur de Chorges et autres lieux jusqu'en 1789.

Les Rambaud, de Montauban, d'Hugues [2]. — Seigneurs de Montgardin depuis 1202, les Rambaud le devinrent d'Ancelle en 1342, de Furneyer en 1525, puis de Théus et autres lieux.

Hugues Rambaud, par son mariage avec Françoise Artaud, avait eu une part de la seigneurie de ce dernier en 1342. *Pierre,* son fils, hérite en 1395, de Guillaume Artaud le reste de cette seigneurie. Après lui vient *Antoine* qui, par son mariage avec Artaude Philoche, devient propriétaire de la seigneurie des Ancelle Philoche. Son fils, *Guélis,* achète pour 140 florins celle que Jacques Marcou tenait des Isoard (1445). *André* lui succède (1446-1495) et a pour fils un autre *Guélis* (1495-1557), lequel achète pour

1. J. Roman : *Not. sur Ancelle.*
2. *Ibid.* : *Tabl. hist. des H.-A* et *Not. sur Ancelle.*

400 florins les parts de Jacques Motte, Antoine Julien, Barthélemy de Rousset, Christophe Girard, Jean Martin, Vincent Symiau et Guillaume Boisselle.

Guélis lègue ses biens à son fils *Antoine*, dit le capitaine Furmeyer et chef des protestants dans les Alpes. Assassiné sans laisser d'enfant, celui-ci a pour héritier, en 1566, son frère *Jacques*, chanoine apostat.

« Le 5 octobre 1580, écrit M. l'abbé Ranguis, Jacques teste en faveur de son neveu Gaspard de Montauban; mais ce testament est annulé par un autre qu'il fait le 18 juin 1594, peu de jours avant sa mort, en faveur de son bâtard *Jean Rambaud*, qu'il avait eu de Marguerite de Montauban ; le bâtard, qu'il n'avait pas encore réussi à faire légitimer, le fut en 1595, avec confirmation en 1610 [1]. »

A *Jean Rambaud de Montauban* succède *Joseph* (1618-1646) qui a pour héritier *Henri* (1674), père de *Henri-Laurent* (1715), lequel lègue ses biens à son cousin *Scipion* (1728). Celui-ci a pour héritier *Henri-Honoré de Piolenc* (1733), président au Parlement. Il ne laisse qu'une fille qui se marie avec *Francois-Armand-Léonor d'Hugues*, marquis de Vaumeilh. Celui-ci devint donc seigneur majeur du Mandement de Faudon; il avait les trois quarts de la terre d'Ancelle, l'autre quart appartenant à Lelong de Dréneulk.

Pendant la grande Révolution, ces deux seigneurs furent accusés d'avoir émigré. En conséquence, leurs biens furent confisqués et vendus au plus offrant.

SEIGNEURS DE SAINT-LÉGER

Cette paroisse ayant fait partie du Mandement de Faudon, donnons la liste de ses principaux seigneurs d'après M. J. Roman [2].

1. *Not. sur Ancelle.*
2. *Tabl. hist. des H.-A.* — L'église de Saint-Léger dépendait du prieuré de Saint-André de Gap. Dans le clocher se trouvait une petite cloche portant la date de 1482.

Pierre et Guillaume de Saint-Léger (1307). Jean Humbert (1333). Bertrand Humbert, qui vend à Guigues de Savines en 1366.... Georges du Serre, coseigneur de Montorcier (château du Rivail 1507-1537). Antoine du Serre (1537-1577). Alexandre et Daniel du Serre (1587-1633). Charles fils de Daniel (1634-1678) [1] qui vend son fief à Sixte de Beauregard (1678-1701). François (1701-1730). Jean-Baptiste qui vend à Etienne Tourrès de la Valette en 1753. Sybille-Françoise de Vallavoire, veuve de ce dernier (1789).

ARMOIRIES DES SEIGNEURS D'ANCELLE [2]

De faudon. — L'écu est en partie de sable (d'azur d'après M. G. de Manteyer [3]) et en partie d'argent. Il porte un lion à moitié d'azur sur la partie qui est d'argent, et à moité d'argent sur la partie qui est de sable.

D'artaud. — D'azur à trois châteaux à trois tours d'or, 2 et 1.

De philoche. — Armoiries inconnues.

D'orcières. — D'argent au chef de gueules, à un ours de sable brochant sur le tout et tenant dans ses pattes une couronne d'or [4].

De champoléon. — D'azur au chevron d'or, au chef de même, chargé de trois cœurs de gueules.

De rambaud. — De sable; au sommet d'une montagne a un cyprès de sinople, au haut duquel est perchée une colombe d'argent [5].

1. A la famille du Serre appartenait Charles-Salomon du Serre, qui fut évêque de Gap de 1600 à 1637, époque de sa mort, et qui travailla activement à réparer les ruines accumulées dans le diocèse par le Protestantisme.

2. J. Roman : *Ibid.* et *Not. sur Ancelle.*

3. *Les Fouilles de Faudon.*

4. On peut le voir au-dessus de l'ancienne porte d'entrée de leur château, maintenant château Lombard.

5. Lors de la démolition du château d'Hugues, l'écusson fut porté au-dessus de la porte d'entrée des châtelains Provansal, maintenant maison Matheron Rat.

DE MONTAUBAN. — De gueules à trois tours d'or, 2 et 1.

DE PIOLENC. — De gueules à six épis de blé d'or, 3, 2 et 1, dans une bordure engrêlée de même.

D'HUGUES. — D'azur a un lion d'or sous trois étoiles de même rangées en chef, trois fasces de gueules brochant sur le tout.

DE BATAILLE. — De sinople à deux tours d'argent en chef et un croissant de même en pointe [1].

NOTES EXPLICATIVES DE CES TERMES HÉRALDIQUES. — *Armoiries* ou *blason* : attributs distinctifs des familles nobles, qu'elles commencèrent à adopter à l'époque des croisades, afin qu'on pût les distinguer les unes des autres. — *Ecusson* ou *écu d'armoiries* : figure d'un bouclier, *scutum*, sur lequel sont peintes les armoiries. — *De sable* : couleur noire. — *De sinople* : couleur verte. — *De gueules* : couleur rouge. — *D'azur* : bleu de ciel. — *D'or, d'argent* : couleur de ces métaux. — *Chevron* : deux pièces plates assemblées en angle. — *Fasce* : pièce honorable au milieu du blason. — *Chef* : la pièce qui est au sommet de l'écu. — *Engrêlé* : dentelé tout autour. — *Brochant* : pièces qui passent sur d'autres.

CHATEAUX SEIGNEURIAUX DU MANDEMENT

CHATEAU DES DE FAUDON A SAINT-PHILIPPE [2]. — Le sommet de Faudon, écrit M. G. de Manteyer (alt. 1.710), portait primitivement le nom du titulaire de son église paroissiale, Saint-Félix dont, par altération on a fait Saint-Philippe.

En 1908, des fouilles y furent faites par M. Brenier, assisté de M. David Martin, conservateur du musée de Gap, et M. Pérod, inspecteur des eaux et forêts. Il

1. Abbé Ranguis : *Not. sur Ancelle.*
2. G. de Manteyer : *Les Fouilles de Faudon.*

est regrettable qu'après les avoir autorisées, la municipalité ne les ait pas laissé continuer sous prétexte de ne pas enlever au site son cachet de mystérieux. Bien que sommaires. elles permirent cependant à M. Pérod de reconstituer le plan du château-fort.

Il consistait en un donjon défendu par une enceinte octogonale d'environ cent mètres de tour sur un mètre d'épaisseur. Le chemin d'accès, venant de la voie romaine et du col de Faudon y pénétrait par le côté ouest. Le donjon formait l'angle nord-ouest de l'enceinte. Il était de forme carrée, avec 7^{m}60 de face et des murailles de près de 2 mètres d'épaisseur. On a remarqué que les substructions étaient à l'échelle des 2/3 sur celles du château-fort que les comtes de Provence possédaient à Gap et à la construction duquel avaient présidé les de Faudon, en qualité de bailes du comte. M. G. de Manteyer en a conclu que la hauteur du donjon devait être de 20 mètres et celle des murs d'enceinte de 5 mètres.

Le donjon était protégé, à l'intérieur de l'enceinte, par un mur de soutènement qui déterminait une petite cour réservée. Dans l'enceinte il existait deux corps de logis mesurant intérieurement 7^{m} 50 sur 12 mètres. Dans l'angle nord était la citerne en forme de dame-jeanne; près de là, une énorme pierre plate et circulaire, percée d'un orifice, semblable à une meule de moulin, parait lui avoir servi de margelle.

D'après M. G. de Manteyer la forteresse a dû exister dans la période comprise entre 1030 et 1209. Tout d'abord construite en bois comme beaucoup d'autres, elle aurait été rebâtie en pierres en 1184, en même temps que le château comtal de Gap. On a pu constater qu'elle fut détruite par le feu et rasée [1].

CHATEAU DES DE FAUDON AU CHATEAU-D'ANCELLE. — Après la destruction de leur château-fort de Saint-Philippe, les de Faudon en construisirent un autre de dimensions plus vastes dans le village, qui, de ce fait,

1. Lire pour plus amples détails, la belle étude publiée par M. G. de Manteyer sur *Les Fouilles de Faudon*, (*Bullet. Société Etudes des H.-A.*, 2e trimestre 1908).

prit le nom de Château-d'Ancelle. Ils l'entourèrent de remparts d'une épaisseur de 1^m^20 et de 300 mètres environ de développement, dont une partie est encore visible. Des fouilles qui ont été pratiquées, il résulte que le château occupait la partie sud de l'enceinte, et que l'entrée en était pareillement de ce côté. A un angle est de l'enceinte on voit les fondations d'une tour carrée de 7 mètres de face extérieure et dont les murailles ont 1^m^50 d'épaisseur.

Dans le sol, on trouve trois couches distinctes de cendres et de charbons de bois, ce qui indique trois incendies successifs dont le dernier eut lieu probablement en 1425. Au lieu d'être relevés après cette date, le château et ses dépendances finirent par tomber en ruines; depuis longtemps ils sont complètement rasés; les pierres mêmes en ont été enlevées et employées à la construction du village actuel.

CHATEAU DES ARTAUD ET DES RAMBAUD. — Les Artaud paraissent avoir habité, au centre du bourg d'Ancelle, la maison qui sert actuellement de presbytère et où l'on voit, servant de cage d'escalier, une tourelle demi-circulaire à meurtrières et découronnée. Cette maison avait alors deux étages et remonterait au XIVe siècle.

Ce qui est certain c'est qu'en 1438 elle était la propriété des nobles Rambaud : une reconnaissance passée à cette date porte, en effet, qu'elle fut écrite et signée dans la maison des nobles Rambaud, située près de l'église, *prope ecclesiam* [1]. Ils l'avaient probablement héritée des Artaud en 1395, en même temps que leur seigneurie. Les Rambaud quittèrent, dans la suite, ce château pour aller habiter celui que leur avaient légué les Philoche.

A partir du commencement du XVIe siècle, cette maison appartint aux notaires Leblanc [2]. Vers ce temps-là, elle reçut des modifications importantes dans le style Renaissance : portes à accolades et

1. *Invent. arch. des H.-A*, série E, p. 159.
2. Abbé Ranguis : *Not. sur Ancelle.*

croisillon, fenêtres géminées à meneau vertical, etc. Dans la suite, la grande salle du rez-de-chaussée fut transformée en écurie et le deuxième étage en grenier à foin. En 1756 elle devint maison curiale.

Maison fermière. — Les Artaud avaient, au col de Moissières, une maison fermière qui porte toujours leur nom. Trois vastes écuries voûtées indiquent quelle était l'importance du domaine. Elle appartient actuellement à M. Escallier, notaire à la Bâtie-Neuve.

CHATEAU DES ORCIÈRES ET CHAMPOLÉON. — Devenus coseigneurs d'Ancelle en 1427, les d'Orcières s'y firent bâtir, au-dessus du bourg, un château sur la porte d'entrée duquel leurs armoiries sont encore sculptées. Modifié au XVIe siècle, il se compose d'une vaste maison de maître à deux étages sur rez-de-chaussée, dans le style Renaissance. Au milieu de la façade principale est une tour carrée à machicoulis, laquelle sert de cage au grand escalier. Une fontaine monumentale, des portes en accolade et à fronton, des salles spacieuses aux plafonds ornés de sujets dorés, des sculptures artistiques sur ce qui reste des boiseries, tout montre quelle dut être la richesse de cette habitation.

En 1600, le château et la seigneurie passèrent aux de Champoléon. Leur dernière descendante, Catherine, épouse de Lelong de Dréneulk, en était propriétaire quand éclata la grande Révolution. Vendu comme bien national, en tant que bien d'émigré, le château fut acheté par le châtelain Provansal qui le revendit vers 1830. Actuellement, une partie appartient à Louis Lombard et l'autre à la famille Joseph Brochier Leblanc.

Maison fermière. — Située à côté du château, on y voit trois grandes écuries voûtées et des greniers à blés très volumineux. Vers le milieu du XVIIIe siècle, écrit M. l'abbé Ranguis, le domaine était affermé 300 livres [1].

1. Abbé Ranguis : *Not. sur Ancelle.*

CHATEAU DES PHILOCHE, RAMBAUD ET HUGUES [1]. — Une reconnaissance de l'an 1438 nous apprend que le château des Philoche était alors situé au-dessous du bourg d'Ancelle, *subtus villam, terra prope domum nobilium Philacorum.* Or, cette famille seigneuriale existant à Ancelle depuis 1260, il faut en conclure que la construction du château remonte à la fin du XIIIe siècle ou au commencement du XIVe.

Des Philoche il passa, par mariage, aux Rambaud, puis à leurs successeurs, les de Montauban en 1594, Piolenc du Toury en 1733, et enfin par mariage aussi, au marquis d'Hugues qui le possédait lorsque survint la grande Révolution [2].

A en juger par ses ruines, il était de dimensions grandioses. A la fin du XVIe siècle, il fut restauré dans le style de l'époque de Henri II et l'on y voyait un écusson de la famille seigneuriale des Rambaud [3].

Confisqué par la Révolution comme bien d'émigré, il fut pillé, démoli et rasé par la populace. On trouve de ses plafonds à poutrelles en maintes maisons, notamment dans celle des Philippe père.

Maison fermière. — Les reconnaissances du XVe siècle nous apprennent que la maison fermière, *grangia*, était au quartier de Champ-Croumpa, là où sont actuellement les maisons Ambroise Espitallier et Brun. Au XVIIIe siècle, Piolenc du Toury retirait du domaine 300 livres de ferme [4].

CHATEAU DE SAINT-LÉGER. — Voici ce qu'en dit M. J. Roman [5] :

« Ce château paraît dater originairement du XVe siècle. Il se compose d'un quadrilatère accosté, sur l'une de ses faces, d'une demi-tour ronde et, sur l'autre, d'une demi-tour carrée. Au XVIIe siècle, Salomon du Serre, évêque de Gap, fit restaurer et agrandir ce château qui appartenait à sa famille. Il l'entoura d'une enceinte de murailles de forme rectangulaire

1. *Invent., ibid.*
2. J. Roman : *Not. sur Ancelle.*
3. J. Roman : *Répert. archéol.*
4. Abbé Ranguis : *Not. sur Ancelle.*
5. *Répert. archéol.* et *Tabl. hist. des H.-A.*

ayant, à une extrémité, deux corps de logis carrés, et à l'autre, deux tours rondes entre lesquelles se dessine un perron demi-circulaire.

Sur l'un des côtés du rectangle s'ouvre une porte monumentale à l'extérieur de laquelle sont des armoiries effacées. A l'intérieur, on voit celles de Salomon du Serre, la date 1612 et la devise : *in cœlum, inde solum*. Un autre écusson de la famille du Serre est détaché et appuyé contre le mur du jardin. Les fenêtres du bâtiment principal sont à croisillons. En 1630, l'évêque, vieux et valétudinaire, s'y retira pendant la peste qui désola Gap et une grande partie de la région. »

BIENS SEIGNEURIAUX

Leur importance. — Dans les réponses de la communauté d'Ancelle au questionnaire de 1789, nous lisons ceci [1] :

« M. d'Hugues possède la plus grande partie des montagnes, qu'il afferme aux bergers de Provence. (Sur la partie restante) on compte environ 3.500 moutons ou brebis, dont plus d'un tiers appartient aux nobles. En y comprenant la montagne du marquis d'Hugues, les nobles et fonds ecclésiastiques tiennent le tiers du territoire d'Ancelle. »

En défalquant la montagne que possédaient les d'Hugues, ce tiers représente environ un sixième du territoire cultivable en la possession des seigneurs. Or comme, d'autre part, la population était jadis d'un gros tiers plus nombreuse qu'à notre époque, on s'explique que les habitants soient allés cultiver des quartiers éloignés et pénibles qu'ils furent, plus tard, obligés de laisser en friches quand les bras vinrent à manquer.

Redevances seigneuriales. — Outre les redevances que les habitants avaient à payer aux nobles et dont il a été question au chapitre VI, il y avait les suivantes qui, à la fin du XVIIIe siècle, étaient à la charge

1. *Bullet. Société Etud. des H.-A.*, septembre 1886.

de la commune. Nous les trouvons en partie dans les réponses de 1789 :

1° Au prieur-décimateur de Romette, la dîme affermée 1.000 livres [1].

2° Aux de Montauban de Flotte, seigneurs d'Ancelle et de Farjayes et à leurs successeurs, pour certains droits seigneuriaux dont ils avaient fait cession, une pension annuelle d'environ 100 livres [2].

3° A Mme de Jassenage, dame du duché de Lesdignères et à ses héritiers, 53 livres pour droits de riveirage et 10 livres de cense (rente); total : 63 livres.

4° Aux dames de Montfleury (Isère), une taille comtale de 30 livres. — Cette taille avait été établie par le Dauphin Humbert, qui avait fondé le monastère de Montfleury en 1342.

1. Abbé Ranguis : *Not. sur Ancelle.*
2. Invent. : *Ibid.*

CHAPITRE IX

Du XIVe siècle au Protestantisme

CONCESSIONS DES DAUPHINS [1]

CONCESSIONS DIVERSES. — Le 13 mai 1309, le Dauphin accorde à ses sujets du Champsaur le droit de disposer librement de leurs biens par testament ou donation, et de les recevoir au même titre, sauf à payer au trésor delphinal treize deniers par livre de leur valeur.

Le 31 mai 1311, il alberge aux habitants du Mandement, c'est-à-dire leur afferme pour une durée très longue, presque indéterminée, les moulins qu'il possédait au bord du Drac et de ses affluents, donc à Ancelle aussi.

Vers la même époque, d'après les traditions locales, il autorise la création des grands canaux d'irrigation des Faix, de Saint-Hilaire, des Matherons-Saint-Léger et du Château, dont les eaux doublèrent et triplèrent la fertilité du territoire. — A propos d'un différend survenu entre les frères Chauvet, le tribunal de Gap, dans un jugement de 1914, a reconnu, documents en main, que ce dernier canal, tout en actionnant les moulins du Château était

1. J. Roman : *Tabl. hist. des H.-A.; Not. sur Ancelle.*

destiné avant tout et de temps immémorial, à l'arrosage public.

Affranchissement de la commune. — Le 1er février 1319, le Dauphin Jean II accorde à ses hommes du Mandement de Faudon une charte de liberté : « *Il les prend sous sa sauvegarde et ordonne à ses officiers de les protéger.* » Ainsi de serfs qu'ils étaient il les élève au rang de citoyens : c'est la naissance de la commune. Ses habitants auront le droit de s'administrer eux-mêmes en élisant un premier et un second consuls, qu'assisteront un certain nombre d'officiers municipaux. Cette administration est donc enlevée au seigneur local, à qui pourtant on continuera à payer les redevances habituelles. Celui-ci n'aura plus que le droit de faire convoquer et présider, par son châtelain, les réunions de l'assemblée communale; il devra respecter et faire observer les décisions qui y auront été prises relativement aux affaires de la communauté. (Voir au chapitre VI les principales clauses des chartes d'affranchissement).

AUTRES ÉVÉNEMENTS [1]

Le dauphin a Ancelle. — En 1312, le Dauphin Jean II passe à Ancelle les journées du 5 et du 6 novembre.

Seigneurie Philoche. — En cette même année, il donne en emphythéose, c'est-à-dire afferme pour une très longue durée, à Raymond Philoche une part importante de seigneurie sous le cens (rente) de dix sous viennois.

Fours. — Le 27 septembre 1325, le Dauphin Guigues alberge à Guillaume Isoard d'Ancelle, c'est-à-dire lui afferme pour une durée presque illimitée, les fours et fournages des deux Ancelle, moyennant un cens de cinquante sous par an.

Population d'Ancelle. — Le 13 mai 1339, le Mandement de Faudon comprenait deux paroisses : celle

1. J. Roman : *Tabl. hist. des H.-A.; Not. sur Ancelle.*

d'Ancelle avec 234 feux et celle de Saint-Léger, qui en avait 77. — A raison de six habitants par foyer, chiffre généralement adopté pour cette époque, c'était donc une population de 1404 âmes pour Ancelle et de 462 pour Saint-Léger. Pour ne pas être taxé d'exagération, mettons 1300 et 430. Quelle baisse depuis lors [1] !

LE DAUPHINÉ RÉUNI A LA FRANCE [2]. — Le 30 mars 1343, le Dauphin Humbert II vend ses états, pour 20.000 florins, au roi de France, Philippe VI de Valois, en stipulant que l'héritier présomptif de la couronne de France porterait à l'avenir le titre de Dauphin. Le Champsaur, le Gapençais, l'Embrunnais, ainsi que les départements actuels de l'Isère et de la Drôme, devenaient donc réellement une province française.

Le 16 juillet suivant, remise solennelle du sceau et de l'étendard dauphinois, ainsi que de toutes les terres delphinales.

Redevances delphinales. — Le 17 juin 1360, enquête faite par Etienne Girard et François Bernard, notaires, commissaires délégués par Didier de Sassenage, lieutenant de Guillaume de Vergy, sur les redevances dues au Dauphin par les communes d'Ancelle et de Saint-Léger. Dans cette procédure sont insérées des lettres des Dauphins Jean II (1311, 1312), Guigues VII, (1327 et 1332) et Charles (1350) relatives à ces redevances [3].

Chapelle Saunier. — Le 20 août 1381, le Dauphin, Charles VI, roi de France, donne en emphythéose divers fonds de terre à une chapelle que Jean Saunier avaient fondée à Ancelle [4].

Hospice et Maladrerie. — En 1388, il existait, non loin du col de Manse et près de la voie romaine, probablement à Sauron, un hospice pour les voyageurs et une maladrerie ou hôpital pour les lépreux et autres malades contagieux [5].

1. G. de Manteyer : *Les Fouilles de Faudon.*
2. J. Roman : *Ibid.*
3. *Arch. civiles de l'Isère*, série B, t. III, p. 167.
4. J. Roman : *Ibid.*
5. *Ibid.*

Pillage et incendie des deux Ancelle [1]. — En 1368, des bandes de soldats pillards au service du sénéchal de Provence, après avoir envahi le Serrois et le bassin de Gap, avaient pillé les villages de Laye et de Saint-Laurent, tué plusieurs personnes et emmené le bétail, faisant pour 3.000 florins de dégâts. L'année suivante, Chabettes avait le même sort.

En 1425, les deux Ancelle sont pillés et incendiés par une troupe de Lombards au service du roi de France. Le 22 septembre, ordre par le conseil delphinal à Jacques de Bonne, notaire à Saint-Bonnet, d'informer sur la requête d'Antoine de Montauban, châtelain du Champsaur, lequel demande qu'il lui soit tenu compte comme reçue de l'avoine provenant des revenus delphinaux qu'il avait réunie à Ancelle et qui lui a été pillée par les soldats lombards à la solde du Dauphin.

Jeanne d'Arc. — De 1429 à 1431, mission surnaturelle de Jeanne d'Arc. Dans le Dauphiné, on fit des prières publiques pour sa délivrance, et parmi ceux qui prirent le plus chaleureusement sa défense se trouva Jacques Gélu, archevêque d'Embrun.

Fours [2]. — Le 22 septembre 1344, une transaction avait eu lieu entre les nobles et les roturiers d'Ancelle. Il y était stipulé que les roturiers des hameaux pourraient y construire des fours, à la condition de payer aux nobles une émine de blé par an et par personne. Les nobles étaient Guillaume Philoche, Hugues, Rostaing Jean, Lantelme Isoard, Guillaume Artaud, Arnoul, Sayne, les héritiers de Guillaume Isoard, ceux de Raoul Isoard et ceux de Guigues Philoche.

Dégrèvement d'impôts [3]. — Le 2 août 1481, procès-verbal de Jacques d'Orcières et de François Vachier, envoyés par le gouverneur du Dauphiné dans les Mandements de Montorcier et de Faudon. Ils témoignent

1. J. Roman : *Ibid.*
2. *Ibid.*
3. *Ibid.*

y avoir trouvé un grand nombre de misérables qui ne peuvent pas acquitter les redevances delphinales. A ces malheureux le gouverneur accorda décharge de la plus grande partie de ces redevances.

Canal de Gap. — Le 11 juillet 1450, une transaction avait eu lieu entre les communes de Gap et de la Rochette, d'une part, et celle d'Ancelle, d'autre part, au sujet d'un canal à dériver du torrent d'Ancelle pour arroser les deux communes susdites : Elles y avaient été autorisées par le Dauphin, Charles VII, roi de France, moyennant 200 florins [1].

Ce canal existait encore en 1789 : il en est fait mention comme arrosant le quartier « de Villarobert, dont les habitants l'ont creusé à grand frais [2] »; la commune de la Rochette avait droit à un tiers de l'eau [3]. Il prenait naissance derrière le village du Château : on peut suivre son tracé jusqu'au refuge du col de Manse et de là jusqu'à Chauvet. Il dut être abandonné parce que les eaux n'étaient pas suffisantes pour couvrir les frais. C'est alors que fut creusé, un peu en aval, le canal de Manse.

Guerres d'Italie [4]. — Pendant la première moitié du XVIe siècle, guerres d'Italie auxquelles prirent part Charles VIII, Louis XII et François Ier, secondés par d'illustres généraux tels que Bayard, Montmorency, Bourbon, Bonnivet, Montelus, etc. Sur la voie du Champsaur par Manse, Saint-Philippe, Moissières, comme sur les autres voies qui conduisaient dans le Milanais, ce fut un va et vient presque continuel de nos armées.

Ce qu'eurent à souffrir les pays situés dans le voisinage des routes de ces troupes mal disciplinées est inouï. Les premiers arrivants demandaient des vivres et les payaient quelquefois; les suivants arrachaient avec violence ce que les paysans leur refusaient, pour ne pas mourir de faim; les derniers, ne trouvant plus

1. J. Roman : *Ibid.*
2. *Bullet. Société Etud. des H.-A.*, 5e année, n° 3.
3. *Ibid. Réponses des Communautés en 1789.*
4. J. Roman : *Hist. de la Ville de Gap.*

rien à prendre, mettaient le feu aux villages abandonnés. C'est ainsi que Romette fut incendié, le 25 janvier 1517, parce que le village avait refusé d'ouvrir ses portes à des troupes revenant d'Italie. Il en fut de même de la Bâtie-Vieille, dont on exigeait des vivres que n'avaient pas les malheureux paysans. Chorges fut aussi pillé et incendié.

MALLEMORT ET LA FONTAINE DES TRÉPASSÉS. — A mi-distance de Moissières et de la Bâtie-Neuve on trouve le quartier de *Mallemort* (mauvaise mort) et de la *Fontaine des Trépassés*. D'après les traditions locales, ces noms indiquent l'emplacement d'un combat meurtrier livré entre gens d'Ancelle et de la Bâtie-Neuve, et voici ce que rapporte la légende :

« Pour tromper leurs ennemis en les portant à croire à une retraite, les gens d'Ancelle avaient ferré leurs mulets à rebours et s'étaient placés en embuscade au flanc de la montagne. Tombant ensuite sur les gens de la Bâtie-Vieille, ils les avaient taillés en pièces. »

A quelle date eut lieu ce combat ? Un document trouvé aux archives de la Bâtie-Neuve [1] le fixe au XVe siècle. A cette époque, les pâturages des deux communes n'étaient point ou étaient mal délimités. Comme conséquence, les bergers d'Ancelle s'arrogeaient le droit de faire paître leurs troupeaux sur une partie du versant sud de la montagne que la population de la Bâtie-Vieille croyait lui appartenir. De là des querelles et des rixes qui se renouvelaient chaque année, enfin le combat et les meurtres dont nous venons de parler.

L'évêque de Gap étant seigneur de la Bâtie-Neuve, il était de son devoir de défendre ses sujets. Il prononça donc une sentence d'excommunication contre les meurtriers et leurs complices d'Ancelle. Ceux-ci se pourvurent au tribunal du Dauphin, souverain de la contrée et suzerain de l'évêque.

Pour mettre fin à cette sanglante affaire et empêcher qu'elle se reproduisît, une transaction eut lieu, en

1. Communication de M. l'abbé Aye, curé de la Bâtie-Neuve.

1450, entre le Dauphin et l'évêque. Entr'autres choses il y fut stipulé que l'évêque lèverait l'excommunication et que des limites, dont l'une serait la pointe du pic de Piolit, seraient établies qui indiqueraient la ligne de séparation des deux communes.

Ces limites furent-elles fixées? Il y a lieu d'en douter, puisque la délimitation des deux communes a dû être faite, il n'y a pas longtemps et qu'Ancelle, au dire des habitants de la Bâtie-Vieille, a eu la part du lion.

CHAPITRE X

Le Protestantisme

DANS LES ALPES

Farel. — Fondé en Allemagne dès 1517 par Luther (1488-1544), propagé en Suisse et en France par Calvin (1509-1564), le protestantisme fut introduit dans les Alpes par Guillaume Farel surtout (1490-1565).

Originaire des Farcaux de Laye, Farel appartenait à une famille de petits notaires [1]. Il fit ses études à Paris, où il apostasia. De là, il vint prêcher la prétendue Réforme à Gap et dans ses environs; ensuite il passa en Suisse, où il se fit le collaborateur de Calvin. Par sa famille il était parent ou allié de presque toute la noblesse du Gapençais : Voilà qui explique l'unanimité avec laquelle ces familles embrassèrent le protestantisme et prirent les armes contre les catholiques [2].

A ANCELLE

Introduction du protestantisme. — Le protestantisme fut prêché à Ancelle dès 1561. Il fut embrassé par les seigneurs du pays : Rambaud Antoine et son

1. Cette famille donna son nom à son village d'origine, qui s'appelait auparavant Felleport. (J. Roman : *Hist. de la Ville de Gap).*
2. J. Roman : *Ibid.*

frère Jacques le défroqué, Gaspard de Mautauban, Martin de Champoléon, les nobles Philoche, Rodolphe, du Pin, de Bataille, par le châtelain Provansal, par au moins l'un des notaires Leblanc, par des consuls tels que Jean Arnaudon, Etienne Girard, Jean Sébastien [1].

Persuasion, tracasseries, violences, terreur, ce monde-là mit tout en œuvre pour propager la prétendue Réforme. Dans ces conditions on s'explique que, parmi le bas peuple, un grand nombre aient formellement apostasié, et que, sans en arriver là, une foule d'autres n'aient plus osé faire ostensiblement profession de catholicisme.

Temple, ministres, cimetière. — Le 27 janvier 1563, dans une lettre dont le premier signataire était noble Jacques de Bataille, les protestants d'Ancelle s'adressèrent à Genève pour avoir un ministre, lequel fut accordé, en 1570, à Jacques Rambaud pour sa seigneurie. A la même époque, un temple fut construit sur la place de Champ-Croumpa, ainsi qu'un cimetière au quartier du Serre. Le logement du ministre était tout près du temple [2].

Etat de l'église protestante [3]. — Cette église ne fut jamais, paraît-il, bien nombreuse ni bien prospère. Aussi fut-elle souvent jointe à celle d'Orcières, qui était de beaucoup plus florissante. Enfin, à la demande de noble du Pin d'Ancelle, elle fut définitivement réunie à celle de Gap, et celle-ci fut chargée, moyennant finances, d'en assurer le service, en y envoyant l'un de ses membres faire le prêche une fois par mois.

Revenus du culte protestant [4]. — Les biens destinés au culte réformé et à l'entretien de ses ministres étaient les suivants :

1. Abbé Ranguis ; *Not. sur Ancelle.*
2. *Ibid.*
3. *Ibid.*
4. *Ibid.*

Les revenus des terres de l'église catholique, dont les protestants s'étaient emparés : — 180 livres fournies par Henry de Flotte de Montauban, seigneur d'Ancelle; — 180 livres fournies par noble Pierre de Baudet, seigneur de Chénevières; — 18 livres fournies par noble Gaspard, chevalier du Pin; 30 livres de pension provenant du legs d'un nommé Achille; — 3 livres provenant d'un autre legs fait par Louise de Bataille, veuve Massic, de Chabottes; — 9 livres provenant d'autres legs; — quelques terres et quatre maisons, dont une à Gap et une autre à Chabottes, données par David et Jean de Bon Repos.

NOMBRE DES PROTESTANTS. — A combien s'éleva le nombre des protestants à Ancelle? Aux deux tiers de la population, écrit M. l'abbé Ranguis [1]; à la presque totalité, d'après M. J. Roman [2].

A moins de regarder faussement comme protestants une foule de gens qui, sans avoir formellement apostasié, ne pratiquaient plus ostensiblement le catholicisme, soit par indifférence, soit par crainte, ces évaluations sont certainement beaucoup exagérées. En voici des preuves :

1° En 1720, il ne restait plus que huit familles protestantes [3], soit environ 45 personnes. Or, antérieurement à cette date, les registres paroissiaux signalent seulement 41 abjurations [4], dans une période d'un siècle et demi. Même en supposant que quelques-unes aient été faites ailleurs, on est donc obligé de conclure que le nombre des protestants, à Ancelle, ne fut pas considérable.

2° Pendant ce même laps de temps, 200 personnes seulement furent ensevelies dans le cimetière huguenot [5]. Admettons, si on le veut, qu'un nombre égal aient voulu être inhumées à côté de leurs ancêtres dans le cimetière catholique, le total des décès serait de 400, soit une moyenne de 2,50 par an. Or, il est

1. Abbé Ranguis : *Not. sur Ancelle.*
2. J. Roman : *Ibid.*
3. Abbé Ranguis : *Ibid.*
4. *Ibid.*
5. *Ibid.*

constaté qu'une telle moyenne correspond à une *population de 130 à 135 âmes*. Le nombre des protestants, à Ancelle, *n'a donc jamais dépassé* le chiffre de 100 à 135.

Sur 1.100 habitants que comptait alors Ancelle, les huguenots ne constituaient donc qu'une infime minorité. On peut donc dire qu'il en était ici comme à Gap où ils ne représentèrent jamais plus d'un dixième ou d'un douzième de la population, 500 à 600 sur 5.000 à 6.000 [1]. Il en fut probablement de même dans une très grande partie du Champsaur. Mais si elle était faible par le nombre, cette minorité était redoutable, parce qu'elle avait pour elle l'audace, le fanatisme, le pouvoir et la force des armes.

LA DOCTRINE PROTESTANTE

Plus de confession, plus de jeûnes, d'abstinences ou autres pratiques de mortification, inutilité des bonnes œuvres pour le salut; « péchez comme des diables, ajoutait Luther, mais croyez fermement au Christ et vous serez sauvés »; abolition des vœux religieux; destruction des églises et des couvents et confiscation de leurs biens : telle était, dans toute la France, la doctrine enseignée par les prédicants de la prétendue Réforme.

C'était faire appel à toutes les passions. Aussi bien tous les mauvais prêtres et les mauvais religieux s'empressèrent d'embrasser le protestantisme, de défroquer et de contracter des mariages scandaleux. De ce nombre fut le chanoine Jacques Rambaud, frère d'Antoine, seigneur d'Ancelle, de Montgardin et de Furmeyer, lequel, à la mort de ce dernier, assassiné en 1566, hérita les susdites seigneuries. Devenu prévôt du chapitre de la cathédrale de Gap, il apostasia en 1562, se maria avec Louise du Moustier de Ventavon, qui ne lui donna pas d'enfant et eut un bâtard de Marguerite de Montauban [2].

1. J. Roman : *Hist. de la Ville de Gap*, p. 128.
2. Abbé Ranguis : *Ibid.*

D'autre part, une foule de princes et de seigneurs se hâtèrent pareillement de se faire protestants, parce qu'ils voyaient dans la prétendue Réforme le moyen de s'emparer des biens des églises et des couvents. De plein gré ou de force une partie du peuple suivit les exemples qui lui étaient donnés.

A L'ASSAUT DES ÉGLISES ET DES COUVENTS

En France. — Dès 1558, sans aucune provocation de la part des catholiques, les protestants de France, sur un ordre de leurs chefs, prennent les armes de tous côtés. Leurs bandes se ruent avec une fureur diabolique sur les cathédrales, les églises et les couvents qu'ils pillent et démolissent. Chaires, confessionnaux, autels, ornements d'églises, archives, deviennent la proie de grands feux de joie. Les crucifix et les statues des saints sont foulés aux pieds. Les saintes hosties sont sacrilègement outragées. Les vases sacrés deviennent la part du butin des chefs, qui les brisent et les font monnayer à leur profit.

On a compté en France, dit Lhomond [1], jusqu'à *vingt-mille églises détruites* par les fanatiques protestants. Les couvents eurent le même sort.

Dans les Alpes. — La région des Alpes est l'une de celles qui eurent le plus à souffrir des protestants. Conduites par Antoine Rambaud, dit le capitaine Furmeyer, par Aurouze de Montmaur, par Montbrun des Baronies (Drôme) et par Lesdiguières, leurs bandes armées se rendaient maîtresses de tout le pays, en 1563 et, les années suivantes et y faisaient des ravages épouvantables.

Les monastères étaient pillés, incendiés, détruits et leurs autres biens confisqués au profit des chefs protestants. Etaient confisqués pareillement les nombreuses seigneuries épiscopales, ainsi que les bénéfices et les biens des autres églises.

1. Lhomond : *Abrégé de l'hist. ecclésiast.*

En 1564 et 1567, la cathédrale et toutes les églises de Gap furent saccagées et ruinées; le clocher de la cathédrale, l'un des plus beaux de France, fut démoli jusque dans ses fondements. En 1585, la cathédrale d'Embrun, après avoir été aussi livrée au pillage, fut transformée en écurie et ne fut rendue aux catholiques, dépouillée de ses richesses, qu'en 1598. Les autres églises furent démolies; sur plus de trois cents que l'on en comptait dans l'ancien diocèse de Gap, deux ou trois seulement furent épargnées, parmi lesquelles celle de Lagrand [1].

A ANCELLE [2]. — *Démolition de l'église.* — De 1562 à 1564, les bandes huguenotes, commandées par Antoine Rambaud et Lesdiguières, s'étaient ruées sur l'église; après l'avoir sacrilègement souillée, elles l'avaient saccagée et démolie au point de ne laisser debout qu'un pan de mur. C'est dans cet état que la trouva l'évêque Paparin de Chaumont dans sa visite pastorale de 1599.

Quarante ans sans église. — C'est donc pendant quarante ans au moins qu'Ancelle resta sans église, et que les offices divins durent être célébrés soit dans une grange, soit dans un autre local de fortune. Car, même à l'époque où les huguenots y régnaient en maîtres, cette paroisse eut toujours des curés. Les archives indiquent comme tels Bouffier Balthasar, de 1558 à 1564; Sébastien Jean, de 1564 à 1572; Bonnardel et Gévaudan Jacques, de 1572 à 1575; Espié, chanoine de Gap, de 1575 à 1600.

CRUAUTÉ DES PROTESTANTS [3]. — *Dans le Dauphiné.* — Les Réformés commirent des cruautés inouïes au Queyras, à Réotier, à Saint-Clément, à Châteauroux. Dans la seule province du Dauphiné, ils incendièrent près de neuf cents villages et tuèrent 256 prêtres et 112 religieux.

Dans le reste de la France. — A Nîmes, 300 catholiques furent massacrés, dont plusieurs prêtres ou

1. J. Roman : *Hist. de la Ville de Gap; Catéch. du diocèse.*
2. Abbé Ranguis : *Ibid.*
3. Gandy : *La Saint-Barthélemy;* J. Guiraud : *Hist. part., hist. vraie.*

religieux. — A Orthez, en 1569, Montgomery fit 2.000 victimes. — Le baron des Adrets en fit 5.000. — A Sens, Blois, Auxerre, La Charité, une foule de catholiques sont tués, parmi lesquels plusieurs prêtres; des religieux sont même écorchés vifs. — A Saint-Sever, 200 prêtres sont massacrés. A Paris, Montgomery fait manger à ses chevaux les entrailles des religieux qu'il a éventrés. — A Morlaix, on arrache les yeux à un dominicain pour le forcer à les manger. A Bazas, on bourre de poudre des femmes catholiques, pour faire éclater ces canons vivants. — A Pithiviers, Coligny fait scier vivants des catholiques et mettre des prêtres à la bouche des canons. — A Bayeux, des prêtres sont enterrés vivants jusqu'au cou, et on fait servir leurs têtes au jeu des quilles, etc.

LA SAINT-BARTHÉLEMY [1]

Le crime abominable de la Saint-Barthélemy n'eut lieu que plusieurs années après les crimes protestants que nous venons de mentionner. Si le 24 août 1572, des protestants furent massacrés, les coupables sont Catherine de Médicis et Charles IX qui voulurent se débarrasser des chefs huguenots, parce que ceux-ci ne cessaient d'intriguer et de conspirer pour s'emparer du pouvoir. L'Eglise n'est pour rien dans cette horrible boucherie; au contraire, elle prit fait et cause pour les malheureux persécutés, et nous savons que des gouverneurs catholiques refusèrent d'exécuter les ordres sanguinaires du roi. Tels furent Gordes dans le Dauphiné, *Ludovic de Birargnes dans les Alpes*, etc.

Combien furent massacrés? De l'aveu même de certains historiens protestants, ce nombre ne doit pas dépasser 4.000 à 5.000.

1. J. Guiraud : *Hist. part., hist. vraie.*

L'ÉDIT DE NANTES [1]

Voulant mettre fin aux guerres de religion, Henri IV porta l'Edit de Nantes en 1598. Outre la pleine et entière liberté de pratiquer publiquement leur religion, cet édit accordait aux protestants de très grands privilèges. Bien qu'ils ne formassent qu'un quinzième ou un vingtième de la population française, ils obtenaient des tribunaux composés mi-partie de leurs coréligionnaires et mi-partie de catholiques; de plus, on leur livrait cent cinquante places fortes avec gouverneurs huguenots, entr'autres celles d'Embrun, Gap, Serres, Tallard, etc.

Les protestants continuèrent néanmoins à conspirer, négociant avec l'Angleterre et les Pays-Bas pour renverser le gouvernement et préparer l'écrasement des catholiques par de nouvelles guerres de religion.

Pour défendre l'unité nationale sérieusement menacée par eux, Louis XIV crut qu'il était de son devoir de frapper un grand coup et, en 1685, *il révoquait l'Edit de Nantes*. En vertu de ce nouvel édit, les ministres furent exilés, les temples détruits et leurs biens attribués aux hôpitaux. En conséquence, 200.000 huguenots quittèrent la France pour aller s'établir à l'étranger. Parmi ce nombre, M. J. Roman signale, pour Ancelle, les de Champoléon, les de Montauban du Villard, les du Pin [2].

Démolition du temple d'Ancelle. — En cette même année, les prescriptions royales furent exécutées à Ancelle, le culte protestant interdit, le ministre expulsé, le temple démoli et ses biens attribués à l'hospice de Gap [3].

ABJURATIONS DE PROTESTANTS [4]

Avant la révocation de l'édit de Nantes, bon nombre de protestants étaient déjà rentrés dans le sein

1. J. Guiraud : *Hist. part., hist. vraie.*
2. *Hist. de la Ville de Gap.*
3. *Invent. arch. des H.-A.*, série H, p. 312.
4. Abbé Ranguis : *Ibid.*

de l'Eglise catholique, ce qui prouve que leurs conversions étaient libres et sincères. Ainsi, de 1668 à 1673, le curé Chaix avait reçu trente-sept abjurations dont voici les noms :

En 1668, le châtelain Balthasar Provansal, le notaire Jean-Jacques Leblanc, Isabeau Espitallier de Moissières, Jean Espitallier des Méans, Marie, Reymond Bernard et Me Roume, notaire à Orcières. — En 1670, Marie Espitallier Cornudet. — En 1671, Marie Espitallier de Moissières, Marie Sergent, Marie Favier de Rohanne, deux sœurs de Jean Gautier, la famille Escallier-Daniel, Antoine Garnier, Jacques-Espitallier de Moissières, deux filles de Claude Escallier, la famille Eymard-Eyraud des Méans, Gaspard Escallier-Daniel, Louise Eyraud, Marguerite Garnier, un laquais du Rival, Marie Espitallier-Jacques des Méans, Marie Eymard-Eyraud, Jean Lombard, la famille Escallier-Jacques, Honoré Eyraud. — En 1773, Pierre Garnier, Marie Eyraud-Mazet.

Après la révocation de l'édit de Nantes. — Dans les registres de catholicité on ne trouve plus que quatre abjurations reçues par le curé Ledou : celle du consul Joseph Girard en 1724, celle de Jean Escallier-Genève en 1727, celle d'Elisabeth Bernard en 1740, et celle de l'ancien consul Arnaudon en 1749. — En 1720, il ne restait plus, dans toute la commune, que huit familles protestantes. — En 1750, il n'y avait plus que les suivants : J. Bernard, Jean Espitallier, F. Garnier, Gaspard Vivian, Ant. Seinturier des Méans. Depuis très longtemps, Ancelle n'a plus un seul protestant.

CHAPITRE XI

Du XIVe Siècle à la Grande Révolution

PESTES [1]

Pestes de 1348 et 1359. — Partie du Turkestan, la peste noire ou bubonique ravagea horriblement l'Asie, l'Afrique et l'Europe. Dans la Provence et le Dauphiné, elle fit périr la moitié de la population. A Champoléon, sur 160 familles 40 seulement survécurent au fléau [2]. A Villard-Mouren il ne resta que trois habitants. A Serre-Eyraud, il ne resta qu'un seul homme, qui avait eu l'héroïsme d'ensevelir tous ses concitoyens; pour éviter le contact des pestiférés, il leur enfonçait un crochet de fer dans la gorge et il les traînait ainsi jusqu'au lieu de leur sépulture [3].

Peste de 1438. — Elle sévit avec tant de fureur que tous les magistrats du bailliage de Serres en moururent.

Peste de 1520. — Elle fut si violente, à Gap notamment, que le Chapitre dut venir à Ancelle pour y tenir son assemblée annuelle.

1. J. Roman : *Ibid.*
2. *Ibid. : Tabl. hist. des H.-A.*
3. Ladoucette : *Hist. des H.-A.*

Peste de 1630. — En juin 1630, la peste bubonique éclatait à Marseille. Le mois suivant, elle était à Gap, y frappait à coups redoublés et de là se propageait dans les environs. Les habitants de la ville s'enfuyaient épouvantés, mais ceux des communes d'alentour les repoussaient à coups d'arquebuse.

Les consuls de Gap s'étant engagés à élever une chapelle à saint Roch, le fléau disparut en octobre, après avoir couché dans la tombe environ 2.500 personnes, c'est-à-dire plus de la moitié de la population de la ville. Cette chapelle fut bâtie l'année suivante dans le couvent des PP. Capucins qui est devenu l'hôpital actuel depuis la grande Révolution.

Ces religieux s'étaient dévoués si héroïquement au soin des pestiférés que sur neuf qu'ils étaient, huit moururent de l'épidémie.

FAMINES [1]

Famine de 1630. — Elle fut si affreuse que, pendant trois mois, dans bon nombre de campagnes du Dauphiné, les paysans étaient réduits à se nourrir de glands, d'herbes et de racines sauvages.

Famine de 1792-1795. — Combien elle fut terrible, on peut en juger par ce qui se passa à Gap, malgré que la municipalité réglementât la boulangerie et contractât un fort emprunt pour acheter du blé en Provence. Le 9 mars 1794, le prix du pain *bis* était fixé à *vingt sous la livre en assignats*. Le 2 mai 1795, il était de *trois francs* et, en septembre de la même année, il s'élevait à *quinze francs*.

INVASION DU DUC DE SAVOIE [2]

Le 25 juillet 1692, Victor-Amédée, duc de Savoie, franchit les cols de Vars, à la tête d'une armée de 40.000 soldats, parmi lesquels on comptait 4.000 protestants français qui s'étaient expatriés à la suite de la

1. J. Roman : *Hist. de la Ville de Gap.*
2. *Ibid.*

révocation de l'Edit de Nantes. En un mois, l'ennemi s'emparait de Guillestre et du Queyras, d'Embrun et de l'Embrunnais, de Gap et de son bassin, de Saint-Bonnet et du Champsaur.

Les bourgs et les villages qui ne payaient pas une rançon suffisante au vainqueur étaient livrés au pillage et incendiés. Tel fut le sort de Savines, la Bâtie-Neuve, Châteauvieux, Tallard, Sigoyer, Veynes, Laye, Saint-Bonnet, le Glaisil. Il en fut de même de Gap; la cathédrale, récemment réparée croula dans les flammes et sur 1.200 maisons, couvertes en chaume ou en planches, 157 seulement furent sauvées.

ROUTES NATIONALES. — DIGUES

ROUTES [1]. — Jusqu'au milieu du XVIIIe siècle, les antiques voies romaines et des sentiers à peine entretenus étaient les seuls chemins fréquentés; tous les transports se faisaient à dos de mulet. De 1750 à 1770 fut créée ou considérablement améliorée la route actuelle de Marseille en Italie par Embrun et Briançon. De même celle de Gap à Crenoble par le Champsaur. — Le refuge du col de Bayard ne fut bâti qu'en 1836.

L'entretien de ces routes était à la charge des communes; seuls, les travaux d'art étaient payés par le roi.

Dans les archives communales d'Ancelle, on trouve plusieurs convocations adressées aux habitants de cette commune, pour aller faire leurs corvées ou journées de prestations soit sur la route d'Embrun, soit sur celle du Champsaur. Dans certaines de ces convocations, les travaux sont fixés entre le Pont-Bernard, au-dessous d'Aspres, et le moulin d'Aubessagne, près de la Guinguette.

DIGUES DU CHATEAU [2]. — Le 23 juillet 1791, Joseph Sarret, de Sainte-Catherine-du-Château adressait une supplique à Mgr l'Intendant du Dauphiné pour obtenir la création d'une digue contre le torrent

1. J. Roman : *Ibid.*
2. Abbé Ranguis : *Ibid.*

d'Ancelle, afin de garantir son moulin et son pré. L'abjudication de cette digue fut donnée sur une longueur de 200 toises, et les travaux coûtèrent 8.400 livres.

RÉPONSES DE LA COMMUNAUTÉ D'ANCELLE, EN 1789, AUX PROCUREURS GÉNÉRAUX DES ÉTATS DU DAUPHINÉ [1]

La communauté d'Ancelle-Faudon comprend deux paroisses, l'une de cinq hameaux et l'autre de deux. Les nobles et fonds ecclésiastiques en tiennent le tiers [2], y compris la montagne de M. le marquis d'Hugues. Il y a 225 habitants et environ 1.000 âmes [3]. — Pas de médecin; deux chirurgiens : Claude Bresson et Etienne Favier; pas de vétérinaire; une accoucheuse instruite. — Presque tous les toits sont en chaume.

Productions : seigle, orge, avoine. — En temps de disette, les habitants sont obligés de manger du pain d'avoine et, très souvent, une partie d'entre eux sont obligés d'aller en Bourgogne pour pouvoir gagner leur vie pendant six mois de l'année. — Pas de foires ni de marchés.

M. d'Hugues, qui possède la plus grande partie des montagnes, les afferme aux bergers de Provence. — Environ 3.500 moutons ou brebis, dont plus d'un tiers des nobles. — Pas de pont sur le terroir qui traverse le terroir de la communauté.

La communauté est régie par un conseil municipal, composé de quatorze membres, un maire ou consul et un second consul (adjoint).

Charges locales : 48 livres pour l'entretien des églises et maisons curiales; 25 livres pour le régent d'école (l'instituteur); 30 livres pour une taille comtale due aux dames religieuses de Montfleury;

1. *Bullet. Société Etud. des H.-A.*, septembre 1886.

2. En défalcant les montagnes des nobles, ce tiers représente environ un sixième du terroir cultivable.

3. Le recensement publié dans le *Bullet. Société Etud. des H.-A.*, pour 1790, porte 1.275 âmes, chiffre qui nous paraît devoir être tenu pour exact.

25 livres pour un pont au-dessus du village [1], 12 livres pour les péréquateurs (répartiteurs); 16 livres pour les gages des deux consuls; 36 livres pour les gages du greffier (secrétaire de mairie); 30 livres pour le garde champêtre; 53 livres de droit de riveirage et 10 livres de cense (rente) dues aux héritiers de Mme de Sassenage qui avait hérité du duché de Lesdiguières. — Le tout payé par impositions. — Dettes : 650 livres. — Les pauvres ont le 24e des grains (produits par la dîme).

Le parcellaire (cadastre) est de 1775. Les papiers sont dans une garde-robe fermée à trois clefs. — Il serait avantageux pour la communauté que la dîme, affermée environ 1.000 livres, fut en impositions en argent, au marc la livre, pour être payées aux curés et au vicaire; la dîme en nature préjudicie beaucoup aux propriétaires. — M. des Auches, ancien prieur de Romette, aurait fait une fondation en faveur des pauvres.

ORDONNANCES

PAUVRES [2]. — Le 27 avril 1572, injonction du vibailli de Gap aux consuls d'Ancelle, Jean Lombard des Faix et Antoine Provansal, « de retirer et recevoir les pauvres de leur lieu et paroisse qui sont en la ville de Gap, de les faire conduire à leur lieu et paroisse, de les y distribuer par maisons, ou bien de leur faire donner à chacun une livre et demie de pain par jour. »

AUX BLASPHÉMATEURS [3]. — Le 20 avril 1574, Catherine de Médicis fait publier à Gap pour toutes les paroisses du vibaillage, donc aussi pour Ancelle, une ordonnance contre les blasphémateurs, dans laquelle on lit les peines suivantes :

« Pour la première fois, huit jours de prison au pain et à l'eau; pour la seconde fois, le fouet sur les lieux et places publiques. »

1. Puisque, plus haut, on déclare qu'il n'y a pas de pont, il est sans doute question ici d'une simple passerelle.
2. Abbé Rangnis : *Ibid.*
3. *Ibid.*, d'après *Invent. arch. des H.-A.*, série B, t. I, *passim* et *Annales des H.-A.*

Le 10 septembre de cette même année, Henri III fait publier à Gap aussi, pour toutes les paroisses du vibailliage, une ordonnance plus sévère encore :

« La première fois, y est-il dit, les blasphémateurs seront condamnés aux amendes pécuniaires. La seconde fois, ils seront mis au carcan [1], pour y demeurer depuis huit heures du matin jusqu'à une heure après midi, et y être exposés à toutes vilenies, injures et opprobres du public. La troisième fois, ils seront menés et tournés au pilori [2], et là ils auront la lèvre de dessus coupée d'un fer chaud. La quatrième fois, ils seront encore tournés au pilori, et là ils auront la lèvre de dessous coupée. S'il leur arrive néanmoins de proférer de nouveaux blasphèmes, ils auront *la langue coupée*.

Déjà, vers 1530, une ordonnance de police en patois avait été publiée à la Bâtie-Neuve, au nom de l'évêque seigneur du lieu, dans laquelle il était dit :

« Que personne n'ose ni se permette de jurer le nom de Dieu ou de la Vierge Marie ou des Saints du paradis, sous les peines suivantes : la première fois, une amende de dix livres ; la seconde, une amende de vingt-cinq livres ; la troisième fois, une amende de cinquante livres et la langue percée. »

A cette époque on avait la foi ; on comprenait combien le blasphème outrage Dieu et quels châtiments terribles il attire sur les sociétés qui le tolèrent.

1. Carcan : collier de fer auquel on attachait les criminels.
2. Pilori : machine qui tournait sur un pivot et qui servait à la punition des personnes diffamées que la justice exposait à la risée du public.

CHAPITRE XII

Chronique Religieuse de 1500 à la Révolution[1]

ÉGLISE ET CHAPELLE D'ANCELLE

Reconstruction de l'église. — Démolie de fond en comble par les protestants, l'église d'Ancelle l'était encore lors de la visite pastorale de Mgr Paparin de Chaumont en 1599. Elle fut reconstruite sur le même emplacement peu de temps après. Mais ce n'est que peu à peu que put être renouvelé le mobilier, qui avait été complètement détruit par les huguenots.

Chapelles et chapellenies. — Il y avait dans l'église d'Ancelle deux chapellenies à bénéfices ordinairement réunies sous un même recteur : 1° celle de Saint-Martin fondée par Arnoux Laurent en 1516 et dont les revenus étaient de 120 livres; 2° celle de Notre-Dame-de-Pitié, fondée par noble Raymond Philoche, en 1529, avec un revenu de 100 livres.

A ces chapellenies il faut ajouter : 1° celle de Saint-Félix, primitivement église paroissiale de Faudon; 2° celle de Saint-Antoine dont les fonds, en 1663, sont dits occupés par les protestants; 3° celle de Notre-Dame-de-Bonafosse qui, en 1607, avait pour recteur Buisson Honorat; 4° une autre fondée par les nobles Artaud, au XIVe siècle; 5° une

1. Abbé Ranguis : *Notice; Invent. arch. des H.-A.*, et Arch. d'Ancelle.

autre fondée par Jean Saunier et à laquelle le Dauphin, en 1381, donna en emphythéose divers fonds de terre.

Citons pareillement les trois chapelles suivantes qui, à partir de 1670, firent, comme celle de Faudon, partie de la paroisse du Château-d'Ancelle : 1° celle de Sainte-Catherine, avec 233 livres de revenus; 2° celle de Saint-Philippe et de Saint-Jacques, au Collet, avec un revenu de 74 livres; 3° au Collet encore, celle de Saint-Martin, avec un revenu de 74 livres aussi.

Leurs fonds ayant été confisqués, soit par les protestants, soit par la grande Révolution, ces chapelles ont presque toutes disparu.

En fait de chapelles, il ne reste plus que celle de Saint-Hilaire, et celle des Matherons; celle des Faix et celle de Saint-Philippe, au Collet, sont tombées en ruines.

Curés d'Ancelle. — A partir du VIIe siècle où elle avait été donnée aux Bénédictins de la Novalaise, Ancelle était desservie par des religieux de cette abbaye et de celles qui lui succédèrent. A quelle époque fut-elle de nouveau confiée à des prêtres séculiers? Nous ne saurions le préciser. Quoi qu'il en soit, voici la liste des curés dont on connait le nom de 1500 à la grande Révolution :

Gévaudan Jean-Pierre, natif d'Ancelle, nommé par Mgr Gabriel Sclafanatis (1500-1535). — Hugues de Saint-Marcel, d'Avançon, présenté par Nicolas Robin, prieur de Véras et vicaire du prieur de Romette (1535-1543). Il devient chanoine-prévot du chapitre d'Embrun en 1557, puis sacriste de celui de Gap et, en 1559, curé de Saint-Crépin. Il conserve la plupart de ses prébendes jusqu'à sa mort en 1572. — François de Saint-Marcel (1543-1544), qui devint ensuite prieur de Chabottes. — Aubert Rambaud qui devint prieur de Furmeyer en 1558. — Jacques Seinturier (1558-1564). — Jean Sébastien, co-curé. — Balthasar Bouffier, notaire à Veynes (1564). — Jean Sébastien, nommé de nouveau (1564-1572), qui eut la douleur de voir le protestantisme s'introduire à Ancelle.

Jacques Bonnardel, nommé en 1572. — Jacques Gévaudan, mort en 1575. — Jean Espié (1575-1601). — De 1601 à 1625 les curés sont inconnus. — François Honoré, nommé en 1625 [1]. — Honoré Faure (1642-1660). — Jean-Pierre Chaix (1660-1707). Nous allons relater ce qui se passa d'important dans la paroisse, sous l'administration de ce dernier et sous celle de ses successeurs jusqu'à la fin de la grande Révolution.

Vicaires d'Ancelle. — Claude Maurel (1744-1748). — Etienne Astier (1748-1753). — Antoine Millou (1753-1756). — Claude Calandre (1756-1762). — Balthasar Faure (1762-1769). — Pierre Tourniaire (1769-1774). — Louis Pons (1774-1778). — Jacques Jaussand (1778-1782). — Paul Ebrard (1782-1786). — Joseph Blanc (1786-1789). — Jean Rougny (1789-1791). Jean Brun (1791-1792).

Logements des vicaires. — Les vicaires furent successivement logés : De 1745 à 1756, à l'ancienne maison curiale, devenue maison Rousson. De juillet à novembre 1756, à la maison Chalvet Gruel, devenue maison Favier Bégadou. De 1756 à 1772, dans les deux chambres du presbytère situées au-dessus de la mairie. De 1772 à 1792, à l'ancienne maison curiale.

Le curé Chaix [2]. — Jean-Pierre Chaix, né à Chorges, fut nommé curé d'Ancelle, le 15 juin 1660, par Mgr Arthur de Lionne. La paroisse comptait alors de 100 à 150 protestants. Il eut la consolation d'en voir un très grand nombre se convertir.

Le 15 mai 1586, il établit à Ancelle *la Confrérie du Saint-Rosaire.*

Ce saint prêtre mourut subitement le 13 avril 1707 et fut enseveli dans l'Eglise de Saint-Martin, près de l'autel.

Paroisse du chateau. — En 1670, le Château fut détaché d'Ancelle et érigé en paroisse. Il en sera question à la fin de ce volume.

1. En 1632 réparations à l'église d'Ancelle (Arch. départ. H.-A., IE, 392, minutes de Jacques Leblanc, notaire).
2. Abbé Ranguis : *Notice.*

Ancelle archiprêtré. — Dès le XIIe siècle, le diocèse de Gap avait été partagé en quatre grands archiprêtrés : celui du Gapençais, celui du Cham saur, celui du Rosannais qui, avec le Serrois, comprenait quelques paroisses de la Drôme, celui d'Outre-Durance, dont faisaient partie un certain nombre de paroisses des Basses-Alpes. Ces quatre archiprêtrés furent subdivisés en quinze en 1680, et en dix-huit en 1686. Dans ce dernier nombre était celui d'Ancelle. pour le Haut-Champsaur et Orcières; celui de Saint-Bonnet, pour la basse vallée et le Valgaudemar; celui de Corps, pour le Beaumont. Cet état de choses dura jusqu'au concordat de 1802.

Paroisses de l'archiprêtré d'Ancelle. — En faisaient partie : Saint-Martin-d'Ancelle, dont la cure avait un revenu net de 227 livres; — Sainte-Catherine-du-Château, revenu 256 l.; — Chabottes, 300 l.; — Chabotonnes, 263 l.; — Saint-Michel-de-Chaillol, 210 l.; — Buissard, 207 l.; — Saint-Léger 275 l.; — Orcières, 312 l.; — Champoléon, 269 l.; — Saint-Nicolas, 255 l.; — Saint-Jean-de-Montorcier, 450 l.; — Saint-Pierre-de-Chaillol, 259 l.; — la Plaine, 217 l.

Réparations a la cure [1]. — Le 26 mars 1686, par acte notarié, le curé Chaix fait sommation à la communauté, représentée par ses consuls, d'avoir à réparer la maison curiale qui est toute dégradée et inhabitable. La somme, en outre, de lui fournir les gros meubles de première nécessité, tels que table, chaises, garde-robe, crémaillère, prescrits par les règlements, les édits du roi et les déclarations du Parlement, meubles qu'il promet de laisser à la cure quand il aura à quitter la paroisse.

Visite pastorale. — En 1671, de Mgr Pierre Marion, qui constate que la nouvelle église manque d'une foule de choses indispensables.

Le curé Ledou. [2] — Au curé Chaix succède, en 1707, le R.-P. Joseph Ledou, natif de Tallard. Il était

1. Arch. communales.
2. Abbé Ranguis : *Ibid.*, d'après l'*Invent. arch. des H.-A.*, série C.

membre de la Congrégation des Pères de la Doctrine chrétienne et avait été nommé directeur au Grand Séminaire de Gap. Malgré ses fonctions de curé, il continua à prendre part aux délibérations relatives à cet établissement, alors en fondation. Obligé par une grave maladie à quitter le service paroissial, en octobre 1743, il se retira dans sa Congrégation où il mourut saintement.

Le 2 janvier 1714, il avait perdu et enseveli, à Ancelle, sa mère, personne d'une piété admirable.

Mission de 1710. — En l'année 1710, Mgr de Malissoles chargea trois religieux Capucins du couvent de Gap, de prêcher dans les diverses paroisses de l'archiprêtré d'Ancelle, une mission dont il voulut présider lui-même les exercices, accompagné de son vicaire général Tardieu et de l'archiprêtre Ledou.

La mission eut lieu dans l'église de Saint-Martin pour les deux paroisses d'Ancelle et du Château, et son succès fut des plus consolants.

Visite pastorale. — En 1735, Mgr de Malissoles fit une seconde visite à la paroisse d'Ancelle, au cours de laquelle il écrivit l'ordonnance suivante :

« Messire Félix de Chevalier des Oches, prieur-décimateur d'Ancelle, fournira six chandeliers en laiton du poids de huit livres chacun, une chasuble noire de camelote, une aube de toile blanche avec deux amicts, un cordon, une nappe d'autel à la venise, une pente d'autel de cuir doré, encadré de bois de noyer. Il fera raccommoder les vitres de la maison curiale et les chaînes de l'encensoir, qui sont toutes brisées.... »

Création d'un vicariat. — Pendant sa visite pastorale, Mgr de Malissoles, sur les instances de la population, créa un vicariat à Ancelle et ordonna au prieur-décimateur de contribuer au payement du vicaire à raison de 150 livres, quartier par quartier et à l'avance.

Le vicaire fut nommé en 1743. Le prieur de Romette refusant de faire sa part de traitement, sous prétexte qu'un vicaire n'était pas nécessaire depuis que la paroisse avait été scindée en deux, on s'adressa au vibailli de Gap, qui l'y contraignit sous peine de saisie chez ses deux fermiers d'Ancelle.

Le curé Maurel [1]. — Né à la Beaume-les-Sisteron Jean-Jacques Maurel fut nommé curé archiprêtre d'Ancelle en 1743, par Mgr de Condorcet qui, la même année, lui accorda son frère Claude pour vicaire. Après avoir administré saintement cette paroisse pendant seize ans, et y avoir établi *la Confrérie des Saints Cœurs de Jésus et de Marie*, il fut transféré à Ribiers en 1759, le 28 avril.

Peintre de talent, il peignit pour son église, en 1747, le tableau qui représente les Saints Cœurs de Jésus et de Marie selon les usages de cette époque. Un connaisseur, Mgr de la Croix d'Azolette, regardait ce travail comme un chef-d'œuvre, d'une valeur artistique inappréciable.

Le presbytère. — De temps immémorial, le presbytère n'était autre que la vieille maison dite du Rousson, dont le pignon est adossé à l'ancien cimetière. En 1756, la municipalité le transféra dans le château possédé jadis par les nobles Rambaud, qu'elle venait d'acheter du notaire François Leblanc, en s'en réservant la cuisine pour une salle de mairie et en affectant au logement du vicaire les deux chambres situées au-dessus de cette salle.

Cimetière. — En 1750, la commune dépensa 800 livres pour construction du mur de soutènement de l'ancien cimetière.

Les curés Guisard et Pons [2]. — Jean-Baptiste Guisard, curé d'Aspres-les-Corps, fut nommé à Saint-Martin-d'Ancelle le 1er juin 1759, par Mgr Pierre-Anet de Pérouse. Au bout de huit mois il résigna son titre.

Né à Gap en 1727, Pierre Pons fut nommé curé archiprêtre d'Ancelle le 23 janvier 1760. En 1794, il quitta la paroisse et se fixa chez son neveu à Théus, où il mourut en 1803.

1. Abbé Ranguis : *Ibid.*
2. *Ibid.*

Clôture du jardin. — En 1760, la municipalité fit entourer le jardin curial de murs surmontés d'une palissade.

Réparations au presbytère [1]. — Le 14 juillet 1785, le curé Pons adresse une plainte à l'Intendant du Dauphiné, à Grenoble. Il y expose que le presbytère est devenu inhabitable par humidité et dégradations et que, depuis vingt-cinq ans, il n'a cessé, mais inutilement, de réclamer auprès des consuls pour qu'ils le fassent réparer. De suite, l'Intendant somme les consuls, par écrit, de procéder sans retard aux réparations demandées, ajoutant que si, dans quinze jours, les travaux ne sont pas commencés ils auront à payer au curé des dommages et intérêts.

La commune se mit aussitôt à l'œuvre et voici les principales réparations qui furent exécutées : division du grand salon de manière à y créer, au nord, trois petites chambres; agrandissement des fenêtres de la façade principale et pose de chassis neufs vitrés qui ont été remplacés en 1923; réfection en mélèze et ciment du grand escalier; agrandissement de la porte qui est au palier du premier étage; dans l'appartement destiné à servir de cuisine, réfection à neuf du plancher; construction d'une cheminée et d'un potager.

Messes pour les récoltes [2]. — Au XVIIIe siècle la commune faisait célébrer à ses frais, chaque année, une neuvaine pour la conservation des fruits de la terre. C'est ce dont témoignent des quittances comme celle-ci : « Reçu de Jean Provansal, consul, pour acquit d'une neuvaine des fruits de la terre et d'autres messes dites pour la communauté, 11 livres 19 sols, 16 juin 1766, Pons, curé. — Reçu de Joseph Escallier, consul, pour une neuvaine des fruits de la terre, 6 livres, 7 juin 1768, Pons, curé. »

Pèlerinages. — Chaque année on allait en procession à Notre-Dame du Laus, et des quittances que nous avons sous les yeux prouvent que le curé y était porté à dos de mulet aux frais de la commune.

1. Arch. communales.
2. *Ibid.*

CHAPITRE XIII

Personnages et Notables

LES DE FAUDON [1]. — Dès le commencement du XIe siècle, les de Faudon furent seigneurs majeurs du Mandement de Faudon et châtelains du comte de Provence. Au XIVe siècle, ils aliénèrent ce fief et achetèrent une coseigneurie à Chaillol. — En 1208, Guillaume de Faudon était commandeur de la commanderie de Saint-Jean-de-Jérusalem, à l'Argentière. — En 1568 et 1585, Jacques de Faudon était gouverneur catholique de Tallard.

LES PHILOCHE [2]. — Cette famille possédait des seigneuries à Ancelle, Saint-Léger, Chabottes, Montorcier, la Rochette, Chorges, Savines, etc. — De 1313 à 1319, Raymond, puis Guigues Philoche sont châtelains delphinaux de la Vallouise et d'Embrun. — De 1395 à 1412, Pierre Philoche est châtelain delphinal de Serres.

LES RAMBAUD [3]. — Seigneurs de Montgardin, dès 1202, les Rambaud le deviennent d'Ancelle en 1413; au siècle suivant, ils possèdent en outre des coseigneuries à Furmeyer, à Théus, etc.

Antoine Rambaud, au commencement du XVIe siècle, jouit d'une grande autorité comme jurisconsulte, au parlement de Grenoble.

1. J. Roman : *Tabl. hist. des H.-A.*
2. *Ibid.*
3. *Ibid.*

André-Guélis Rambaud servit le roi Louis XII en qualité d'écuyer, pendant les guerres d'Italie. Son fils fut blessé à la bataille de Pavie.

Antoine Rambaud, dit le capitaine Furmeyer, est le plus célèbre de la famille. Il fit les campagnes d'Italie, sous le maréchal Brissac et fut le maître de Lesdiguières dans le métier des armes. Ayant embrassé de bonne heure le protestantisme, il devint capitaine des huguenots pendant les guerres de religion, s'empara de Gap, de la Bâtie-Neuve, de Tallard et de tout le Gapençais; ensuite, il guerroya dans l'Isère, pilla la Grande-Chartreuse et battit une armée catholique qui assiégeait Grenoble. Après la conclusion de la paix, il se retira à Gap et fut assassiné aux Césaris, près de Chorges, en 1566.

Jacques Rambaud, son frère, le chanoine apostat, fut un diplomate habile, souvent employé par les protestants dans leurs négociations avec la royauté. Il devint gouverneur de Gap et de la Bâtie-Neuve.

LES DE CHAMPOLÉON [1]. — *Martin-Albert de Champoléon* se fit protestant, éleva un temple à Orcières et y fit venir des ministres. Dès 1562, il s'attacha à la fortune de Lesdiguières dont il devint le beau-frère, se signala aux combats de Romette (1562), de Jarnac et de Montcontour (1569), de Corps et de Pont-d'Oreille (1575) et à la prise de Gap dont il devint gouverneur.

Martin-Charles de Champoléon, son fils, acheta de Jean-Antoine d'Yze, en 1600, la coseigneurie que celui-ci possédait à Ancelle. Il jouit d'une grande autorité dans le parti protestant, devint colonel, maistre de camp de cavalerie, et enfin gouverneur d'Embrun (1593-1610).

AUTRES OFFICIERS PROTESTANTS [2]. — D'Ancelle sortirent trois autres officiers protestants qui, pendant les guerres de religion se signalèrent sous les ordres de Lesdiguières : *François Giraud-Estachy,* dit le capitaine la Rivière; *Barthélemy de Bon-Repos; Aymar*

1. J. Roman : *Tab. hist. des H.-A.*
2. *Ibid.*

Chevalier, dit le capitaine Pin, qui fut l'un des plus brillants défenseurs de Chorges en 1585. — Ne séparons pas d'eux *Sébastien de Roux,* dit le capitaine Bastien, de la Plaine, lequel se couvrit de gloire dans la défense de Corps.

LES DE MONTAUBAN [1]. — Dans cette famille mentionnons *Jean de Montauban,* qui succéda à son père Jacques Rambaud comme gouverneur protestant de Gap et de la Bâtie-Neuve.

LES D'HUGUES [2]. — Originaire du Languedoc, la famille d'Hugues était venue se fixer dans les Alpes, en 1612, à la suite du célèbre Guillaume d'Hugues, archevêque d'Embrun. David d'Hugues, neveu de l'archevêque, maréchal de camp des armées du roi, épousa Anne, fille de Charles du Serre du Rivail et de Suzanne Aubert de Martin de Champoléon. De ce mariage est issue une famille aussi nombreuse qu'illustre, savoir :

1° *Charles, marquis d'Hugues,* lieutenant-général des armées du roi (grade correspondant à celui de général de division), tué à la bataille de Spire en 1703.

2° *Guillaume d'Hugues,* archevêque de Vienne en 1731.

3° *David de la Motte d'Hugues,* lieutenant-général des armées du roi.

4° *François d'Hugues,* brigadier des armées du roi (général de brigade).

5° *Joseph d'Hugues,* mort colonel d'infanterie.

6° *Gaspard d'Hugues,* mort vicaire général de l'archevêque d'Embrun.

7° et 8° *Louis et Jean d'Hugues,* morts capitaines d'infanterie.

9° *Suzanne d'Hugues,* mariée avec du Plan de Sieyès, lesquels eurent pour fils Gaspard Alexis de Sieyès des Augiers dernier évêque de Die.

Un descendant du marquis Charles, le brave *François-Armand-Léonor d'Hugues, marquis de*

1. J. Roman : *Tab. hist. des H.-A.*
2. Abbé Ranguis : *Not. sur Ancelle.*

Vaumeilh, né à Gap en 1726, épousa Suzanne, fille de Henri-Honoré de Piolenc de Toury, qui lui apporta en dot la seigneurie d'Ancelle. Pendant la grande Révolution, il émigra, ainsi que ses trois fils et ses deux filles. Rentré en France, il mourut à Gap en 1816.

LES ROSTAING DE BATAILLE [1]. — Cette famille, l'une des plus anciennes de la commune, habitait le village du Château. Elle avait et a encore un domaine à Manse-Vieille, paroisse de la Rochette. Celui qu'elle possédait au Château et qu'elle possède encore en partie, n'était pas des plus considérables. On y hivernait, en moyenne, une paire de bœufs, deux vaches, vingt moutons, un cheval et un porc. Cette famille avait, au nord du village, un moulin qui, après avoir passé aux Jacques frères, est devenu la propriété de Jacques Chauvet; au XVIIIe siècle, il était affermé 100 livres, écrit M. l'abbé Ranguis (not. p. 130).

En 1343, on trouve un *Honoré Bataille*, coseigneur de la Rochette. — En 1370, son fils *Rostaing*. — En 1373, *Hugues* qui vend une portion de sa coseigneurie à Baudon d'Auriac. — En 1400, *Raimbaud*. — En 1413, *Hugues*, lequel augmente sa coseigneurie d'une part pour laquelle ont le voit prêter hommage au Dauphin, le 2 octobre 1431, comme le feront ses successeurs aux dates ci-dessous indiquées : *Beaudoin* en 1458, *Antoine* en 1472, puis *Claude*, *Espérit* et *Georges* en 1542. En 1509 vivaient *Jean*, Benoît, Georges, Claude, Eymar [2].

En 1430, outre leur domaine de Manse-Vieille, les Bataille avaient déjà des terres au Château, notamment à la Combette (*Invent. arch. des H.-A.*, série E, p. 158). — En 1530, *Georges de Bataille*, fils de Claude, obtient de François Ier des lettres ou titres de noblesse, et c'est sans doute à partir de cette année que date l'acquisition par cette famille d'un fief à Ancelle. — Après lui, on trouve *Jacques de Bataille*,

1. Abbé Ranguis : *Not. sur Ancelle;* d'après arch. des H.-A. et arch. communales; J. Roman : *Tabl. hist. des H.-A.*

2. Voir à la fin du volume le testament de Benoît de Bataille en 1509.

mort en 1575; — *Pascal de Bataille,* protestant en 1563; — *Gaspard de Bataille,* né en 1590; puis *Isabelle de Bataille* en 1600.

Le 13 août 1617, Isabelle de Bataille épouse *Arduin de Rostaing*, de la Côte-de-Neffes, lequel ajoute son nom à celui de cette famille. — Son fils, *Guillaume Rostaing de Bataille* épouse, en 1666, Catherine, fille de Jacques Leblanc, notaire à Ancelle. — De ce mariage, naît *Joseph Rostaing de Bataille,* qui se marie, le 2 novembre 1720, avec Isabeau Vial de de Flotte, de Saint-Pierre-d'Argençon. Ils n'ont point d'enfants et, le 12 avril 1770, sa veuve fait donation à son beau-frère, *Augustin Rostaing de Bataille* de tous les biens qui lui reviennent sur la succession de feu noble Jacques Vial, son père, en son vivant seigneur de la Beaume et coseigneur de Saint-Pierre d'Argençon. — Augustin devient père de *Gaspard-Jacques Rostaing de Bataille,* qui épouse, en 1767, Marianne-Eléonore Ricard.

De ce mariage naît *Antoine-Auguste-Fontclair de Rostaing de Bataille.* C'était un noble excellent, très estimé et dont on parle encore avec éloges dans le pays. Néanmoins il fut assassiné à la Bâtie-Neuve, en 1790, avec d'incroyables raffinements de cruauté. Voici ce qu'on raconte à ce sujet :

« *Assassinat d'Auguste-Fontclair de Bataille.* — Il s'était rendu à Gap avec deux camarades. Au lieu de revenir au Château, comme ceux-ci l'en pressaient par un pressentiment sinistre, il voulut passer seul par la Bâtie-Neuve, alléguant qu'il n'avait rien à craindre. Mal lui en prit. Il y est vu par des bandits qui le guettaient et en voulaient à sa vie; une brave femme le fait cacher dans son jardin, entre des carrés de haricots, mais il y est découvert. Les bandits se précipitent sur lui, le frappent à coups redoublés et le traînent le long du chemin. En vain demande-t-il grâce, promettant à ses assassins de leur donner son domaine de Manse-Vieille. L'un d'eux, mendiant à qui il avait fait souvent l'aumône, lui enfonce son bâton dans le gosier; non contents de le tuer, ils piétinent son cadavre. Trois des assassins périrent misérablement, l'un écrasé par la voûte de son four, l'autre en tombant d'un échafaudage et le dernier d'un coup de pied de son âne. »

Les derniers de Bataille. — Fontclair de Bataille laissa deux fils, *Magloire* et *Auguste,* ainsi qu'une fille, *Antoinette.* Ces deux derniers restèrent célibataires. Quant à Magloire, il se maria une première fois avec Marie-Rose Pélissier, des Faix et, une seconde avec Rose Espitallier-Violette, d'Ancelle. Il n'en eut que des filles : l'une se fit religieuse de Saint-Joseph de Gap ; une autre épousa, en 1826, François Lombard Georges, des Faix et la troisième, Escallier Foncounier, du Château. Par mariage d'une fille de ce dernier, l'ancienne maison des de Bataille est passée à Paul-Augustin Escallier-Merle.

Les marillac d'Ancelle paraissent descendre des Marillac de Beauregard, coseigneurs de Saint-Julien en Champsaur. Au sujet du premier d'entre eux dont il soit fait mention à Ancelle voici ce qu'on lit dans les registres de l'état-civil de cette commune :

« Le 18 ventose, an II de la République (6 février 1794), mariage de Charles Marillac, né au Château le 17 juillet 1761, fils de... *(nom raturé)* et de Marianne Escallier, âgée de 45 ans, d'une part ; et de François Sarret, fils de Jean, maréchal, d'autre part. »

Menacé de mort sous la grande Révolution, il fut réduit à vivre longtemps caché dans les montagnes. De son mariage naquirent Marianne, en germinal 1794, Jean-Joseph en 1802, Charles en 1804, et Thérèse en 1812.

Voici, d'après M. J. Roman [1], la liste de ses coseigneurs : Michel, qui fit construire, à une extrémité du village de Saint-Julien, la maison-forte de Beauregard (1584-1618) ; Charles (1618-1660) ; Sixte (1660-1701), qui acheta de Charles du Serre son fief de Saint-Léger ; François (1701-1730) ; Charles (1730-1750), qui épousa, en 1737, Suzanne de Renard, fille du seigneur majeur de Saint-Julien ; Jean-Baptiste (1750-1789), qui vendit à Etienne Tourrès de la Valette son fief de Saint-Léger [2].

1. *Tabl. hist. des H.-A.*
2. Les de Renard avaient acheté cette seigneurie en 1580, moyennant 5.250 écus, aux de Montbrant, qui la possédaient depuis 1150 (J. Roman : *Ibid).*

Leur parenté. — Les de Marillac sont vraisemblablement une branche de l'illustre famille des de Marillac, originaires de l'Auvergne, dans laquelle on trouve :

1° Michel de Marillac (1563-1632) et son frère Louis de Marillac (1572-1932), le premier, garde des Sceaux sous Louis XIII et le second, maréchal de France.

2° Et surtout la *Bienheureuse Louise de Marillac* (1591-1660), fille de Louis. A l'âge de 22 ans elle épousa Antoine Legras, secrétaire aux commandements de la reine. Devenue veuve en 1625, elle se consacra toute entière aux œuvres de charité et, de concert avec saint Vincent de Paul fonda, en 1633, l'Institut admirable des Sœurs de la Charité. A sa mort, l'Institut comptait déjà 67 maisons; il en possède actuellement 3.600, avec 32.000 religieuses. Elle a été déclarée bienheureuse par Benoît XV, le mai 1920.

Lesdiguières [1]. — Cet homme illustre avait été l'un des petits seigneurs d'Ancelle. Nous lisons, en effet, dans le *Tableau historique des Hautes-Alpes* par M. J. Roman :

« Le 15 mars 1456, investiture accordée par le Dauphin à Alexis et Guillaume de Bonne, frères, des fiefs d'Auriac, la Rochette, Montreviol et *Ancelle*, qu'ils avaient acquis, le 10 mars, de Lantelme de Montorcier pour 250 florins. »

Le véritable nom de Lesdiguières était François de Bonne. Il naquit à Saint-Bonnet, en 1543, d'une famille de petits gentilshommes qui, dès le commencement du XIIIe siècle, étaient notaires de père en fils et qui possédaient quelques fiefs de peu d'importance à Saint-Bonnet, à Laye, au Glaisil, à la Rochette et à Ancelle. Au Glaisil, il fit construire, plus tard, le très vaste château de Lesdiguières.

Devenu protestant, il embrassa la carrière militaire, et ses talents extraordinaires le firent avancer rapidement aux plus hauts grades. Guidon (porte-drapeau), en 1562, de la compagnie du capitaine

1. J. Roman : *Tabl. hist. des H.-A.*

de Furmeyer, il devient capitaine d'une compagnie en 1565. Après la mort de Furmeyer (1566) il fait campagne avec Aurouze, devient lieutenant, en Gapençais, du baron de Montbrun; puis chef des protestants des Alpes en 1569, il est mis à la tête des protestants de tout le Dauphiné en 1575. En 1591, il est capitaine de cinquante hommes d'armes, conseiller d'État en 1593; lieutenant-général en Provence, il devient lieutenant-général des armées du roi en 1595, lieutenant-général en Dauphiné (1598), puis en Artois, en Picardie et en Boulonnais (1600). Il est maréchal de France en 1609, duc du Champsaur et pair en 1611, maréchal de camp général en 1621, chevalier du Saint-Esprit et connétable de France en 1622.

Il remporta les victoires d'Esparron, PontChara, Salebertrand et les Molettes, s'empara de Gap, Embrun, Briançon, Grenoble, Exilles, Château-Dauphin, Guillestre, Montélimar, Corps et le Beaumont, la Mure et la Mateysine, Saint-Bonnet et le Champsaur, etc.

Il devint puissamment riche, posséda pour 600.000 livres de joyaux, eut 500.000 livres de rente et une prodigieuse quantité de seigneuries; il donna 700.000 livres de dot à chacune de ses trois filles.

Lesdiguières s'était marié, en premières noces, avec Claudine Bérenger du Gua (1566) et, en secondes noces, avec Marie Vignon (1617). Parmi ses enfants, Madeleine seule, femme de Charles de Créqui, eut une postérité. La famille de Lesdiguières s'éteignit avec le connétable.

En 1616 et 1618, Lesdiguières suivit attentivement les prédications de saint François de Sales dans l'église de Saint-André, à Grenoble, au grand dépit et désespoir des protestants et de leurs ministres. Il se convertit enfin en 1622 et il mourut à Valence en 1626 [1].

Pour le récompenser de ses services, Henri IV avait créé en sa faveur le duché du Champsaur,

1. *Vie de saint François de Sales.*

comprenant vingt-une paroisses. Voici quels furent ses successeurs dans ce duché :

Son gendre, Charles de Créqui, maréchal de France (1626-1638); — François de Bonne de Créqui, son fils (1638-1650); — François-Emmanuel (1650-1675); — Jean-François de Paule (1675-1703); — celui-ci étant mort sans postérité, la pairie fut éteinte en sa personne et Alphonse de Créqui Canaples, son cousin, hérita seulement du duché et de ses droits utiles (1703-1712). — Après lui vient Nicolas de Neuville-Villeroi (1712-1719); — Camille d'Hostun, duc de Tallard, se rend acquéreur du duché de Lesdiguières (1719-1725). — Son petit-fils, étant mort sans postérité, a pour héritière sa cousine, Françoise de Sassenage (1755-1784). — Après elle viennent ses deux filles, Mme de Talaru et Mme de Bruck (1784-1789).

Les Provansal. — Les notaires Provansal se firent protestants en 1569 et le restèrent pendant un siècle. Cette apostasie leur valut d'être choisis par les nobles Rambaud comme châtelains du Mandement de Faudon. (Il n'y avait rien qu'un châtelain par Mandement, écrit M. J. Roman). A ce titre, ils jouèrent un grand rôle dans les affaires de la commune jusqu'à la grande Révolution.

En tant que châtelains, c'est-à-dire de régisseurs et de chargés d'affaires du seigneur, ils avaient la mission de percevoir les rentes et revenus du seigneur, de payer ses dettes, de présider les séances du conseil municipal, de veiller au bon entretien du château, des routes, des fours, etc., de faire l'office de commissaires de police, de juge de paix dans les cas relevant du seigneur majeur local.

Sous la Révolution, ils achetèrent le château et le domaine des Martin de Champoléon; mais ils les revendirent quelques années plus tard.

La branche aînée quitta alors la commune. Une autre branche, après avoir habité longtemps, à Ancelle, la maison de cette famille, maintenant maison Matheron-Rat, la vendit, vint se fixer au Château et enfin quitta le pays en 1914.

De cette famille sont sortis : 1° les Provansal de Laragne, docteurs en médecine, avocats, notaires; 2° le R. P. Provansal, mort missionnaire de Notre-Dame du Laus; 3° l'abbé Joseph Provansal, de Saint-Eusèbe, ancien principal du collège de Briançon, puis directeur d'institution secondaire libre, enfin curé de Chauffayer, mort en retraite à Saint-Bonnet, à l'âge de 93 ans.

NOTAIRES [1]. — Au XVe siècle, nous trouvons, résidant à Ancelle, les notaires Artaud, Isoard, Gévaudan; en 1508-1515, Jacques Fabre.

Les Me Leblanc, dont la maison était le presbytère actuel qu'ils vendirent à la commune en 1756. Parmi eux citons *Balthazar Antoine*, né en 1518; *Jean* (1558-1577); *Guillaume* (1577-1587); son fils (1587-1606); *Jacques* qui mourut en 1699; *Charles* (1683-1695); *François*, qui épousa Thérèse de Rostaing de Bataille (1719-1756). Le frère de celui-ci, *Gaspard*, né en 1696, devint curé chapelain de Lesdiguières.

Les Me Grenier, qui habitaient la maison du Château possédée actuellement par Philippe Bontoux et Pierre Escallier, dit-on, auraient été présidents du parlement de Grenoble. Leur étude passa aux Favier d'Ancelle.

Les Me Favier [2]. — Cette famille habitait la maison Brochier-Lasagne. Elle compta comme notaires : *Charles*, mort en 1685; *Espérit* qui, outre son notariat d'Ancelle, acquit celui de Saint-Léger en 1700; *Laurent-Joseph*, qui vendit son étude à Me Robin, de Saint-Julien.

De cette famille était né Charles, qui devint le R. P. Favier, de l'Ordre des Cordeliers, lequel était supérieur de leur couvent de Gap, lorsque les religieux en furent expulsés en 1793.

Les Me Moynier [3]. — Ils habitaient à Ancelle, la maison actuelle de Faure Térailler, et ils avaient

1. Abbé Ranguis : *Ibid.*; Arch. des H.-A., IE, 3.923, 2.452, 3.924, 3.925-3.927, 2.441-2.442.
2. Abbé Ranguis : *Ibid.*
3. *Ibid.*

aussi un notariat à Théus. Parmi eux citons : *André*, *Jean* (1675-1701), *Antoine*, mort en 1725, *Balthazar*, mort en 1761.

PRINCIPAUX CONSULS-MAIRES. — *Au* XVe *siècle*. — Gaspard Escallier, — Jacques Giraud, — Jean Sébastien, — Honoré Droumenc, — Gaspard Philop, — Antoine Champsaur, — Pierre Martin (1398), — Claude d'Orcières, — J. Brochier, des Faix, — Guillaume Isoard (1430), — Claude Lombard, — Jacques Chauvet, — Jacques Eyraud, — Jean Albert, — Balthazar Espitallier.

Au XVIe *siècle*. — Antoine Sébastien, frère du curé Jean, premier consul à l'époque où le protestantisme s'introduisit à Ancelle ; — Colin Provansal.

Au XVIIe *siècle*. — Jean Hospitallier, — Claude et Jacques Vincent, des Faix, — Méaille, — Jean Brun, — Honoré Escallier, — Joseph Brochier, des Faix, — François Girard.

Au XVIIIe *siècle*. — Claude et Jacques Vincent, des Faix, — François et Balthazar Girard, — Jacques Escallier, — Arnaudon, — Boisseranc, — Antoine Espitallier, — Georges Lombard, — François Girard, — Benoît Escallier, — Arnaudon, — Jean Vincent, — Lombard, — Boisseranc, — F. Girard. — Jean Arnaudon, — Boisseranc, — Jean Escallier, — Matthieu Vincent, — Jean-Antoine Favier, — Jean Espitallier.

MAÎTRES-CHIRURGIENS. — De 1700 à 1792, résidèrent à Ancelle les maîtres-chirurgiens dont les noms suivent : Gaspard Parat, — Jacques Favier, — J. Antoine du Serre Bresson, — Jean Favier.

FORTS TENANCIERS. — A la fin du XVIIIe siècle, après les d'Hugues et les de Champoléon, dont les domaines, affermés 300 livres chacun, furent vendus par l'Etat sous la grande Révolution, les plus forts tenanciers étaient les suivants :

Dans la paroisse du Château. — Les Grenier : très vaste domaine ; — Para [1] : deux chevaux, des

1. Émilie Para, en 1835 avait donné, par testament, 2.000 francs à l'église d'Ancelle et autant à celle du Château. Ce legs fut employé à la construction des deux églises.

poulains, une paire de bœufs, quatre vaches, un porc, une cinquantaine de moutons; — Escallier-Lachaup : un cheval, six vaches, un porc, vingt-cinq moutons.

Dans la paroisse d'Ancelle. — Girard : une paire de bœufs, deux vaches, un cheval, un porc, quinze moutons; — Escallier Noura : deux paires de bœufs et vingt moutons; — Martin Jacques : une paire de bœufs, deux vaches et dix moutons; — Boisseranc : deux paires de bœufs, deux vaches, dix moutons; — Vve Marie Lombard : deux paires de bœufs et un cheval; — Jacques Brun : une paire de bœufs, une vache, un cheval, un porc et dix moutons; — Vincent, des Faix, une paire de bœufs et une vache.

PRÊTRES ORIGINAIRES D'ANCELLE

De 1500 à 1790. — Antoine et Jacques d'Orcières, vers l'an 1500. — Jean Escallier et François Girard (1510). — Pierre Gévaudan, qui fut curé d'Ancelle (1525). — Joseph Vivian et Gaspard Paret (1535). — Honoré Blanc (1540). — Arnoux Risoul (1545). — Jean Sébastien, curé d'Ancelle quand s'introduisit le protestantisme (1564). — Jacques Gévaudan (1565). — Jean Boisset, curé de Buissard (1575). — Antoine et Jacques Dromenc, curés de Chabottonnes (1590 et 1620). — Michel Favier, curé de Buissard (1650). — Jacques Simiand, curé de Buissard (1686). — François Eyraud, curé de Chabottonnes, puis prieur de Chabottes (1685). — Gaspard Leblanc, chapelain de Lesdiguières (1720). — Le R. P. Favier, supérieur des Cordeliers de Gap (1775-1790).

De 1790 à nos jours. — Pierre Boisset curé de Saint-Jacques, puis des Costes (1800-1881). — Lombard Jean-François, des Faix, né en 1840, prêtre dans le Canada, mort en 1920. — Son neveu, prêtre dans le Canada. — Vincent Joseph (1844-1897), successivement curé de Chaudun, de Chauvet, de Saint-Jacques et de Chaillol. — Allemant Pierre-Adrien, né en 1871, curé de Serre-Eyraud, puis de Chauvet, mobilisé pendant la guerre de 1914-1919. — Brochier Albert-Adolphe, né en 1878, curé d'Upaix (1909), mobilisé aussi, décoré de la médaille des épidémies. — Daumas, curé à Los-Angeles. — Allemand P., prêtre de 1895. — Olivier Pierre, prêtre de 1921. — Blanc Joseph, prêtre de 1923.

Du Château. — Le R. P. Escallier [1], dominicain de grand talent (XIXe siècle). — Espitallier Louis-Joachim, curé dans la Louisiane, né en 1880.

1. Les parents du Père Escallier habitaient, au Château, la maison occupée actuellement par les Garnier Gusti, avec lesquels ils étaient alliés du côté maternel. Ils vinrent s'établir à Gap, et c'est là que naquit le futur Père Escallier.

Le Père Escallier avait un frère capitaine et un autre lieutenant qui moururent en 1870. Un troisième fut, pendant longtemps, chef de division à la Préfecture de Gap pour les affaires ecclésiastiques; tracassé par la Loge à cause de ses opinions foncièrement catholiques et ne voulant pas se faire le complice d'une administration sectaire, il démissionna en 1880. Un quatrième avait, à Gap, une maison d'orfèvrerie.

CHAPITRE XIV

La Grande Révolution

Guerre a dieu. — Le franc-maçon Voltaire s'écriait : « Ecrasons l'Infâme, c'est-à-dire Jésus-Christ, son Eglise et sa religion. » Ce souhait diabolique, la grande Révolution voulut le réaliser. A cet effet, elle vota la Constitution civile du clergé, avec ordre aux ecclésiastiques de jurer de s'y conformer.

Aux termes de cette loi, les évêques ne devaient plus être nommés par le pape, ni les curés par l'évêque, mais par les électeurs, athées, francs-maçons, juifs, protestants et les catholiques, s'il en restait. C'était décréter le schisme. Aussi bien 131 évêques, sur 135, refusèrent de prêter ce serment impie, et ils furent suivis de l'immense majorité du clergé. Aussitôt ils se virent expulsés de leurs églises et de leurs bénéfices qui furent attribués à des prêtres jureurs, c'est-à-dire ayant prêté ce serment.

Ce n'était qu'un début. Quelques mois plus tard, la messe et tous les actes du culte catholique furent interdits. Sur l'autel de Notre-Dame de Paris, les chefs de l'Etat, à la suite de Robespierre, firent monter triomphalement, à la place du Dieu de l'Eucharistie, une fille à moitié nue, réprésentant la déesse Raison, et ils vinrent solennellement lui offrir l'encens de leurs adorations. Il en fut de même dans plusieurs villes de France.

Les couvents et leurs biens, ainsi que ceux du clergé séculier furent confisqués par l'Etat. On brisa pour les faire monnayer, calices, ciboires et autres vases sacrés. Les églises furent pillées, souillées, converties en remises et parfois en étables; on vit la cathédrale de Gap transformée en magasin à fourrages et à blé, puis en temple de la Liberté et de la Raison. Les crucifix, les statues et les images des saints furent brisés et piétinés. On fit servir les ornements sacerdotaux à d'ignobles mascarades dans les rues et on les jeta ensuite dans de grands feux de joie.

Les prêtres et les religieux fidèles à Dieu durent s'exiler ou se cacher dans les caves et les bois. Ceux qu'on découvrait étaient garrottés comme des malfaiteurs, livrés aux insultes d'une populace effrénée, maltraités par leurs gardiens, condamnés aux travaux forcés, jetés dans des cachots infects.

Chez nous. — Dans le diocèse de Gap, près de cent ecclésiastiques fidèles furent déportés ou prirent le chemin de l'exil, à la suite de leur évêque, Mgr de la Broue de Vareilles; un certain nombre continuèrent néanmoins à exercer le saint ministère dans nos montagnes, mais de loin en loin, nuitamment, en se déguisant et en prenant toute sorte de précautions pour échapper aux poursuites de la police.

Dévouement sacerdotal. — Donnons-en trois exemples :

1° Bien que cherché par la police, le Père Jouvent de Notre-Dame du Laus ne cessait de se prodiguer aux âmes; il habitait on ne sait où, faisait ses courses de nuit en changeant souvent de déguisement. Sur le point d'être saisi par les gendarmes, il eut à peine le temps, une nuit, de se blottir dans un pétrin et, une autre fois, de se faire couvrir d'une épaisse couche de foin.

2° L'un de ces bons prêtres était caché, comme ouvrier, chez une famille de paysans. Un jour qu'il se chauffait au foyer, les gendarmes arrivent à l'improviste. La patronne se lève et, lui appliquant un vigoureux soufflet : « Grand fainéant, lui dit-elle, en veux-tu un second pour aller à ton travail? » Il part, il était sauvé.

3° Un autre, raconte-t-on, était caché dans le Haut-Champsaur. Il est appelé d'urgence pour administrer une moribonde de Saint-Bonnet. Or, c'était jour de gros marché! comment s'y prendre? Il fait enrubaner des jeunes gens de toute confiance et, déguisé en ménétrier, il part à leur tête, accompagnant leurs romances avec son violon. La foule crut à un divertissement de jeunesse et la malade put ainsi être administrée.

Des flots de sang. — Il suffisait qu'on fût dénoncé comme royaliste ou catholique pour être condamné à mort. La France était devenue un enfer. Qu'on en juge par les détails suivants; ils sont presque tous fournis par un ami de la Révolution, le citoyen Prudhomme, dans son dictionnaire [1].

Massacres de septembre 1792. — *A Paris*. — Au Couvent des Carmes, transformé en prison, 210 prêtres non assermentés, parmi lesquels l'archevêque d'Arles. — A l'Abbaye, 135 personnes. — Au Châtelet, 219. — A la Conciergerie, 95. — A la Force, 169. — Aux Galériens, 73. — A la Salpêtrière, 35. — Au Séminaire Saint-Firmind, 76. — A Bicêtre, 159, dont beaucoup de femmes, de jeunes filles et d'enfants. — Les apaches massacreurs étaient payés 25 livres par jour.

A Nîmes, massacre de 150 catholiques. — *A Avignon*, Jourdan Coupe-Têtes en fait égorger 110, et jette leurs cadavres dans la Glacière [2].

Guillotinés à Paris. — Hommes ci-devant nobles, 1.278. — Femmes ci-devant nobles, 750. — Religieuses, 350. — Prêtres, 1.135. — Femmes de laboureurs et d'artisans, 1.467. — Hommes non nobles de divers états, 13.613. — Total, 18.613.

Victimes de Carrier à Nantes. — Enfants fusillés, 500. — Enfants noyés, 1.500. — Nobles noyés, 1.400.

1. Cité par Châteaubriand : *Mélanges*.

2. *Gazette de France*, 22 septembre 1892; *Croix de l'Isère*, 18 octobre 1905; *Bullet. de saint François de Sales*, *passim*.

— Artisans noyés, 5.300. — Divers, parmi lesquels, une foule de prêtres et de religieuses, 32.000. — Il fit massacrer les habitants de 22 communes, qui s'étaient pourtant soumises au régime républicain. Le total de ses victimes dépasse 40.000.

Victimes de Fouché à Lyon. — Il fit mitrailler 31.000 personnes.

Victimes dans la Vendée et la Bretagne. — Hommes tués, 90.000. — Femmes tuées, 18.748. — Enfants tués, 22.000. — Total, 94.748.

Le total pour toute la France des victimes de la Révolution a été d'environ douze cent mille !!!

Ancelle. — En haine de la noblesse, le château seigneurial du marquis d'Hugues, fut pillé puis complètement démoli par la populace, en 1789.

Ici comme partout, les églises furent interdites; de même le culte et les fonctions ecclésiastiques. Toutes les croix furent abattues; il n'y eut d'exception que pour celle du col de Moissières, parce que, en hiver, elle servait de poteau indicateur.

Pour abolir jusqu'au souvenir de l'ancien régime, la Révolution exigea que fussent débaptisées les localités portant un nom de saint ou de château. En conséquence, le Château-d'Ancelle devint le *Petit-Ancelle;* Saint-Bonnet, *Bonnet-Libre;* Saint-Firmin, *Firmin-Fort;* Saint-Laurent-du-Cros, *Laurent-du-Serre;* Saint-Léger, *Léger-les-Bois;* Saint-Eusèbe, *Mont-Eusèbe;* Saint-Julien, *Julien-la-Montagne;* le Forest-Saint-Julien, *Forest-Républicain;* Saint-Jacques, *Jacques-Républicain,* etc. [1].

En mai 1794, sur la proposition d'un agent de l'Etat, l'assemblée communale adresse une demande aux administrateurs du district de Gap à l'effet d'en obtenir l'autorisation de vendre la maison vicariale au profit de la commune, et d'arrenter le presbytère du Petit-Ancelle. Ont signé : le maire Matthieu Vincent; les officiers municipaux P. Chauvet, Ant. Vivian, J. Espitallier; les notables B. Renaudon,

1. Abbé Guillaume : *Bullet. Société Etud. des H.-A.*, année 1894; *Invent. arch. des H.-A.*, période révolut.

André Eyraud, Pierre Escallier, Charles Brochier, A. Vincent [1].

LACHETÉ DU CLERGÉ D'ANCELLE. — *Pons Pierre.* — Curé d'Ancelle depuis 1760, prête, en 1790, *le serment de fidélité à la Constitution civile du Clergé.* Le 15 octobre 1792, il prête *le serment de liberté.* Le 6 novembre 1794, il se retire à Théus où, le 6 décembre, il a encore son traitement de 1.200 livres, comme archiprêtre. Le 11 octobre 1797, il y fait *le serment de haine à la royauté.* Le 22 septembre 1798, il n'a plus que la pension de retraite de 1.000 livres. Il meurt à Théus, le 7 mai 1803 [2].

Gabriel Maximin. — Né à Venterol (Basses-Alpes) en 1760, il devient curé de Monteynard (Isère) et il y prête *le serment de fidélité à la Constitution civile du Clergé.* De là il est nommé à la Reine-de-Commiers et, en 1796, il y fait *le serment de liberté.* Le 29 septembre de la même année, il obtient la cure de Saint-Martin-d'Ancelle et il y prête *le serment de haine à la royauté.* Le 22 juillet 1798, il déclare qu'il a prêté tous les serments et qu'il n'en a rétracté aucun. Le 22 septembre 1799 il est en retraite à Ancelle, avec la pension de 1.000 livres.

Rambaud Jean. — Né à Saint-Laurent-du-Cros en 1737, il devient curé de Sainte-Catherine-du-Château, le 5 avril 1780. Il y prête *le serment de fidélité à la Constitution civile du Clergé;* la preuve en est que, le 15 juillet 1794, il est inscrit comme curé de cette paroisse sur le tableau des pensions. Le 27 avril 1795, il est dénoncé comme exerçant des fonctions ecclésiastiques. Il se retire à Saint-Michel-de-Chaillol, il y rétracte ses serments schismatiques, puis, en 1804, il devient curé d'Aubessagne, où il meurt en 1810.

Brun Jean. — Celui-ci qui portait le surnom de Maure, se fit cyniquement apostat. Né à Saint-Bonnet en 1764, il était nommé vicaire d'Ancelle en février 1791, après l'avoir été d'Orcières. Il avait prêté

1. Arch. d'Ancelle.
2. Abbé Ranguis : *Ibid.*

le serment de fidélité à la Constitution civile du Clergé, puisqu'il touchait la pension de 700 livres. D'Ancelle il est envoyé comme vicaire à Bonnet-Libre. Là, il déclare au conseil municipal *vouloir abdiquer son état et ses fonctions de prêtre et ne plus favoriser d'autre culte que celui de la Raison*, qui seul doit faire le bonheur de la République. L'ex-prêtre Brun, fut nommé, en 1796, chef de bureau des petites patentes et il mourut en apostat [1].

LE CONCORDAT. — Prisonnier du Directoire, Pie VI mourait, le 29 août 1799, dans la citadelle de Valence. Les sectaires triomphaient : pour eux c'était la fin de l'Eglise. Mais, contrairement à leurs prévisions, un nouveau pape est élu, Bonaparte renverse le Directoire, se fait nommer consul et signe avec lui un Concordat.

En vertu de cet accord, le catholicisme est reconnu comme étant la religion de la grande majorité des Français, l'Etat assure un traitement aux évêques et aux prêtres, les églises sont rendues au culte et voilà que, le jour de Pâques 1802, au son joyeux de toutes les cloches de France, retentit sous leurs voûtes le *Te Deum* de la délivrance et du triomphe.

Le Concordat à Ancelle. — En vertu du Concordat l'archiprêtré d'Ancelle fut supprimé et cette paroisse rattachée à celui de Saint-Bonnet. Supprimée aussi fut la paroisse du Château.

1. Un Capucin sécularisé du Couvent de Gap, le Père Martin, s'était retiré à Ancelle vers 1793. Il y resta jusqu'en 1802 et, en 1803, il fut nommé curé de Châteauneuf-d'Oze.

CHAPITRE XV

Chronique Civile de 1789 à nos Jours[1]

MAIRES. — Le 7 février 1790, réunis dans l'église d'Ancelle, à l'issue de l'office divin, les électeurs avaient constitué leur nouvelle municipalité et élu maire Joseph Gévaudan. En 1797, le maire était Jean Gévaudan. Voici la liste de ses successeurs :

Jean-Antoine Favier (1805-1807). — François Girard (1807-1837). — Pierre Philippe (1837-1839). — Charles Aubin (1839-1843). — André Escallier (1843-1846). — Jean-Baptiste Brun (1846-1847). — François Lombard (1847-1853). — André Escallier (1853-1862). — Philippe Philippe (1862-1871). — André Escallier (1871-1876). — Jean Garnier (1876-1884). — Marin Pélissier (1884-1888). — Joseph Brochier (1888-1896). — Léon Girard (1896-1907). — Pierre Eyraud (1907-1920). — Eugène Astier, élu en 1920.

ADJOINTS. — Joseph Espitallier (1797-1815). — Benoît Saret (1815-1817). — Auguste de Rostaing de Bataille (1817-1826). — Joseph Espitallier fils (1826-1852). — Jean Lombard (1852-1874). — Philippe Philippe (1874-1876). — Joseph Espitallier-Joachim

1. Arch. communale d'Ancelle.

(1876). — Eyraud Firmin père (1876-1884). — Garnier Jean (1884). — Joseph Espitallier-Joachim (1884-1888). — Jean Escallier-Tezard (1888-1899). — Firmin Eyraud (1899-1913). — Charles Marillac, élu en 1913.

Affaires communales. — Sous l'administration de Jean-Antoine Favier, en 1807, grosses réparations aux toitures de l'église et du presbytère d'Ancelle.

Sous celle de François Girard, en 1823, 1.200 fr. de réparations à l'église d'Ancelle.

En 1824, règlement à l'amiable pour partage des eaux entre le canal de la Chaulp et celui du Château. A celui du Château il est accordé le quart de l'eau qui coule à la sortie du moulin d'Escallier Tezard.

En 1825, construction d'un pont en pierres au bas du bourg.

En 1832, délibération du conseil municipal et vote d'une somme de 150 fr. pour avoir, le dimanche, une première messe à Ancelle.

En 1836, achat de terrains et travaux pour l'ouverture d'une route d'Ancelle au col de Manse.

La même année, délibération du conseil municipal demandant le rétablissement de la paroisse du Château.

Sous l'administration de Pierre Philippe, en 1837, le conseil municipal approuve le devis des réparations à faire au presbytère du Château, s'élevant à 3.295 fr. et l'année suivante, il vote des impositions extraordinaires pour couvrir cette dépense.

Sous l'administration d'André Escallier, construction de l'église d'Ancelle (1843-1845), pour laquelle la commune vote 8.800 fr.

Sous celle de François Lombard, en 1847, demande d'autorisation de fouilles de charbon à Faudon et à Combe-l'Eirouse.

La même année, délibération du conseil municipal approuvant une imposition volontaire de 1.200 fr. de la section du Château pour la reconstruction de son église, et lui refusant une subvention communale parce que cette section avait refusé de contribuer volontairement à la reconstruction de l'église d'Ancelle.

En 1850, achat de terrains pour rectification de la route d'Ancelle au col de Manse.

En 1852, l'école communale du bourg est confiée aux Sœurs de la Providence, de Gap.

En 1853, construction du pont des Naïs, route de Moissières.

Sous l'administration d'André Escallier, en 1854, création d'un emploi de fossoyeur.

En 1856, nouvelle délimitation entre les communes d'Ancelle et de la Bâtie-Neuve.

Sous celle de Philippe Philippe, en 1864, construction, en-dessous du bourg, du nouveau cimetière, dont la dépense s'éleva à 3.300 fr. Vote de 1.000 fr. de réparations à celui du Château.

En 1869, acceptation par la commune d'un legs de Jacques Espitallier, productif de 150 fr. de rente en faveur des pauvres.

En 1869-1870, construction du clocher d'Ancelle, pour laquelle la commune vote une subvention de 14.300 fr. Achat et pose d'une horloge publique.

Sous l'administration de Marin Pélissier, en 1887, clôture en maçonnerie et palissade du jardin curial du Château.

La même année, laïcisation de l'école des filles d'Ancelle et création, pour elles, d'une école libre catholique, dirigée par les Sœurs de la Providence, de Gap.

Sous l'administration de Joseph Brochier, en 1890, 1.400 fr. de réparations au Pont-Tezard. Vote de la rectification du chemin d'Ancelle au Pont-de-Frappe.

En 1893, vote de la rectification, sur le terroir de Manse, de la route d'Ancelle au col de Manse.

En 1895, vote de 3.000 fr. de réparations aux églises et cimetières d'Ancelle et du Château.

Nouvelle délimitation de la commune d'Ancelle avec celle de la Bâtie-Neuve.

Sous l'administration de Léon Girard, en 1896, achat de la pompe à incendie.

La même année, vote de réparations à la flèche du clocher d'Ancelle.

Achat et aménagement d'une maison pour les trois écoles communales du chef-lieu, 4.000 fr.

Canalisation en tuyaux de terre cuite des fontaines de Porte-Guigne et de la place de Ville.

Sous l'administration de Pierre Eyraud, établissement d'une ligne téléphonique d'Ancelle à Saint-Bonnet.

Pose de dalles en pierres taillées sur les murs du cimetière d'Ancelle, qui furent recrépis. — Grosses réparations à la charpente des cloches et à la toiture de l'église de cette paroisse. — Subvention de 600 fr. pour grosses réparations à l'église du Château, en 1913.

Rectification du chemin de Saint-Hilaire au col de Manse et construction du pont en pierres de la Saulce.

Sous l'administration d'Eugène Astier, en 1922, établissement à Ancelle d'un bureau de facteur-receveur avec courrier en voiture jusqu'au refuge de Manse.

En 1923, blanchissage, aux frais de la commune, de l'église d'Ancelle.

Fontaines du chateau. — Cette même année, construction des fontaines du Château avec tuyaux en fonte. Le devis s'élevait à 20.000 fr. : le département a accordé une subvention de 1.300 fr. et l'Etat une autre de 7.000 fr. provenant du pari mutuel; la commune s'est chargée du reste de la dépense.

Routes. — Vers le milieu du XIXe siècle, construction de la route départementale de Puymanbeau au Pont-de-Frappe, ainsi que du refuge Napoléon sur le col de Manse. A partir de cette date, la commune fit ouvrir peu à peu les routes qui la mettent en communication soit avec ce pont, soit avec le col de Manse, soit avec Moissières.

Jusqu'alors les transports pour Gap, et vice-versa, se faisaient à dos de mulets par Sauron et la Rochette. Dès le milieu du XIXe siècle, s'introduisit l'usage des tombereaux, puis des charrettes et enfin des voitures confortables à ressorts.

Fièvres typhoïdes. — Avant que fussent canalisées en tuyaux de terre cuite les fontaines du bourg, la fièvre typhoïde y régnait habituellement, par suite de la contamination des eaux. Vers 1895, elle sévit avec tant d'intensité dans la paroisse qu'elle coucha dans la tombe près de quarante personnes. Depuis cette époque l'état sanitaire s'est bien amélioré à ce point de vue.

Ex-budget des cultes. — Par suite de la loi de séparation de l'Eglise et de l'Etat, la part qui revient à la commune du budget des cultes détourné de sa destination est d'environ 1.000 fr.

Méfaits de la foudre. — En 1868, elle tomba sur l'ancien clocher d'Ancelle, sans l'endommager considérablement. En 1877, elle tua Pélissier, de Chaume-Froide. En 1895, elle tomba sur le château Lombard, n'y occasionnant que de légers dégâts. Vers 1900, elle asphyxia une jument dans l'écurie d'Astier. En 1903, à Chaume-Froide, elle éclata sur la maison Escallier-Lachanp, qui fut dévorée par les flammes.

Autres incendies. — *Ancelle.* — Au commencement du XIXe siècle, un incendie, produit aussi par la foudre, avait détruit en partie, au quartier de Serre-Reynier, trois maisons possédées par Bresson Philippe, Lombard et Seinturier.

Le 20 avril 1893, un incendie, dû à un feu de poële, consumait dix-neuf maisons situées au nord du bourg, dont une seule était assurée. Les pertes furent évaluées à 80.000 fr.

Le 1er janvier 1899, nouvel incendie qui détruisit la maison, le moulin et la scierie de Jean Escallier-Tezard.

Château. — En 1884, un incendie, dû à l'imprudence d'une femme, se déclarait au Château et dévorait treize maisons, dont aucune n'était assurée.

En 1893, nouvel incendie, occasionné par un feu de poële, qui détruisait le moulin et l'habitation de Paulin Chauvet.

Saint-Hilaire. — En 1894, les maisons Robin et Matheron devinrent pareillement la proie des flammes.

Ancelle. — Le 2 novembre 1920, à 11 heures du soir, au quartier de Serre-Reynier, le feu se déclarait à la maison des fils Pélissier et se communiquait aussitôt à celle de Charles Marillac. Ces deux immeubles furent en partie détruits, avec leurs tas de fourrages et quelques instruments agricoles.

DIGUES. — Les nombreuses digues qui protègent les terres et les habitations d'Ancelle contre les débordements de la rivière ont été construites par les riverains à des époques différentes, au fur et à mesure qu'elles devenaient nécessaires.

FOUILLES POUR CHARBON. — Après les essais infructueux qui avaient été tentés à Faudon et à la Combe-d'Eirouse en 1847, on crut avoir découvert une carrière de charbon au quartier de Chardonnet. Avec l'autorisation de l'administration communale, M. Brenier, du Plan-de-Gap y fit exécuter des fouilles en 1922, mais ce fut inutilement.

CHAPITRE XVI

La Paroisse d'Ancelle de 1803 à 1835

Le curé Joannès [1]. — Né à la Salette en 1754, vicaire de Montmaur en 1789, puis curé de Saint-Michel-de-Chaillol en 1794, il fut nommé curé d'Ancelle en 1803 par Mgr Dessoles, évêque de Digne et administrateur du diocèse de Gap, supprimé par le Concordat.

Le curé Reynaud. — Né en 1748, il fut nommé à Ancelle par Mgr Miollis, évêque de Digne et de Gap et il y resta jusqu'en 1820.

Le curé Garnier. — Né à Saint-Blaise, près de Briançon, il fut curé d'Ancelle de 1820 à 1830. De là il fut nommé à Montdauphin, puis à Aiguilles, ensuite à Guillestre, et il mourut, en 1876, chanoine-titulaire de la cathédrale de Gap. Il fit don à Ancelle d'un *reliquaire avec relique de la vraie croix*.

Le curé Augel — Né en 1792 et secrétaire de l'évêché sous Mgr Arbaud, il devint curé d'Ancelle de 1830 à 1834. Il quitta cette paroisse pour prendre la direction de l'hospice du Montgenèvre, et il mourut

1. Abbé Ranguis : *Item;* Arch. parois. d'Ancelle.

en 1863. Il avait obtenu de l'évêché de Tours, pour son église d'Ancelle, *des reliques de saint Martin de Tours.*

Le curé Blanchard. — Né en 1800 au Forest-Saint-Julien, il fut curé d'Ancelle de 1834 à 1835. De là il fut nommé à Remollon, puis à Saint-Laurent-du-Cros où il mourut en 1869..

Mission de 1821 [1]. — Prêchée, sous l'administration du curé Garnier, dans l'église d'Ancelle, pour les deux paroisses alors réunies, par les Oblats de Marie Immaculée, cette mission obtint des résultats merveilleux : les fidèles en suivirent les exercices avec enthousiasme et la presque totalité des adultes s'approcha des sacrements.

Pour perpétuer le souvenir de ces jours de bénédictions, une grande croix fut plantée à l'intersection de la route de Saint-Hilaire et de l'ancien chemin du Château. Son piédestal est en pierres taillées et sur l'une de ses faces on lit : *Mission d'Ancelle. — Missionnaires de Provence : Tempier, de Bully, Aimé Viguier. — Un* Pater *et un* Ave *pour P. L.*

Au cours de cette mission fut établie la Confrérie des Pénitents du très Saint-Sacrement, à laquelle se firent agréger un très grand nombre d'hommes et de femmes. Pendant de longues années, les confrères, en costume de pénitents se firent un honneur de chanter l'office divin, chaque dimanche, avant la messe paroissiale; d'assister aux processions et d'accompagner leurs défunts au cimetière. Ces pieux usages ayant fini par tomber en désuétude, la confrérie fut rétablie par le curé André, vers 1865, mais sa nouvelle existence ne fut pas de longue durée.

Un autre résultat de la mission fut le rétablissement de la Confrérie du Rosaire, établie par le curé Chaix en 1686, mais qui avait cessé de vivre depuis la grande Révolution. Très nombreuses furent les personnes, femmes et hommes, qui, s'y enrôlant,

1. Arch. parois.

s'engagèrent à dire, sinon un chapelet tous les jours, au moins un rosaire par semaine [1].

Pendant cette mission, on organisa, pour les jeunes filles, une Congrégation des Enfants de Marie. Mais que de préjugés il fallut vaincre ! Les jeunes personnes s'imaginaient qu'une fois entrées dans cette pieuse association, elles ne trouveraient plus de jeunes gens qui consentiraient à les épouser.

1. Pour la validité de la Confrérie, il faut à son autel un tableau représentant saint Dominique recevant le Rosaire des mains de la sainte Vierge. (Voir le *Manuel*).

ÉGLISE D'ANCELLE Cl. Ranguis.

CHAPITRE XVII

Église, Cloches, Clocher

Le curé Allemant et ses œuvres (1835-1852). — Né à Saint-Bonnet en 1803, l'abbé Allemant Julien fut curé d'Ancelle du 23 juillet 1835 au 1er novembre 1852. De là il fut nommé à Laye, où il mourut en 1873.

En 1836, le Château, détaché de nouveau d'Ancelle, fut érigé en succursale.

Construction de l'église [1]. — (Maire, André Escallier). — L'église ancienne avait été rebâtie, vers 1600, sur l'emplacement de celle qu'avaient démolie les protestants; mais ce n'était qu'une masse informe avec une vaste tribune qui la rendait très sombre et achevait de l'enlaidir. Le curé Allemant entreprit l'œuvre bien difficile de sa reconstruction, malgré l'avis de la grande majorité de la population, qui n'aurait voulu que de grossières réparations. De 1843 à 1845, une nouvelle église à trois nefs, avec une vaste sacristie, furent bâties au même endroit que l'autre et, le 19 mars de cette dernière année, la consécration en était faite par Mgr Dépéry. Elle mesure 29 mètres de long sur 15 de large.

Il est regrettable que, au lieu d'élégantes colonnes en pierre taillée pour supporter les voûtes, on n'y ait construit que d'énormes piliers en maçonnerie, qui la

1. AbbéRanguis, d'après arch. parois; *Ibid*,

rendent très disgracieuse et empêchent une bonne partie de l'assistance de voir les autels. C'est un vice originel qu'il est impossible de réparer.

Les prestations en nature et les diverses fournitures faites par les habitants s'élevèrent à 3.500 fr.; la Fabrique donna les 2.000 fr. du legs Para; la commune vota 8.800 fr.; les subventions de l'Etat et du département furent de 6.600. Total, 20.900 fr.

Ameublement de l'église. — Les femmes et les filles payèrent le maitre-autel 2.000 fr.; les jeunes gens procurèrent une garniture de chandeliers du prix de 650 fr.; les deux autels latéraux coûtèrent 1.800 fr.; les boiseries du sanctuaire, 1.615; en même temps, on faisait pour 2.800 fr. d'autres acquisitions.

Le curé Borel, de Rochebrune, devint curé d'Ancelle en 1852 et, en 1855, il fut nommé archiprêtre de Savines.

Le curé Seinturier [1]. — Seinturier François, né à Saint-Léger en 1816, fut curé d'Ancelle du 15 mars 1855 au 1er juillet 1865. Il devint ensuite curé de Saint-Julien, puis de Saint-Firmin et enfin chanoine titulaire de la cathédrale de Gap. Il mourut en 1895.

Achat de cloches [2]. — Au sortir de la grande Révolution, il n'y avait à l'église d'Ancelle qu'une seule cloche, qui avait été fondue sur les lieux même peu d'années auparavant. En 1808, sous l'administration du curé Reynaud, elle fut refondue dans le bourg et son poids porté à 565 kilos.

En 1825, le curé Garnier en procura une seconde, pesant 342 kilos, laquelle fut pareillement fondue à Ancelle.

En 1856, à l'instigation du curé Seinturier, la grosse fut refondue à Lyon et son poids porté à 635 kilos, le battant non compris. Défalcation faite du métal de l'ancienne, cette cloche revint à 855 fr., *qui furent payés avec les fonds communaux*. A la même époque,

1. Arch. parois.
2. Abbé Ranguis : *Notice*,

pour renouveler le beffroi de la petite, *la commune dépensa 255 fr.*

Celle-ci, ayant été félée, fut refondue à son tour en 1861 et son poids porté à 1.169 kilos, le battant non compris. Déduction faite du métal fourni par la commune, son prix fut de 4.060 fr. dont 2.460 furent fournis par une souscription qu'avait ouverte le curé Seinturier, et *1.600 fr. payés par la commune.*

De ces deux dernières cloches, l'une rend la note *mi* et l'autre le *sol;* plus tard, le curé Ranguis en ajoutera une troisième, qui donnera le *fa dièze.*

Ameublement de l'église. — Parmi les acquisitions que le curé Seinturier fit pour son église et qui s'élevèrent à 12.420 fr., signalons les suivantes : chaire, confessionnal et crédence, 1.100 fr.; — un calice en vermeil, du poids de 1.395 grammes et du prix de 1.100 fr., don de Marie-Apollonin-Philippe Bourbon; — un ostensoir, 700 fr.; — deux grands lustres, 700 fr.; — une chape en drap d'or mi-fin, 400 fr.; — statues de saint Joseph et de sainte Anne, 250 fr.

Reliques. — Il enrichit, en outre, l'église d'un reliquaire en cuivre, contenant les reliques de huit saints avec leurs authentiques.

Rétablissement du vicariat. — Le 31 décembre 1858, le vicariat d'Ancelle fut rétabli, avec traitement de 350 fr. fait par l'Etat. Il y eût deux vicaires seulement : *l'abbé Phazy,* remplacé, en 1862, par *l'abbé Valentin Auguste,* qui devint ensuite professeur de dogme et directeur au Grand Séminaire de Gap.

Le curé André [1]. — Né à la Plaine-de-Chabottes, l'abbé André fut curé d'Ancelle de 1865 à 1884. Il devint ensuite archiprêtre de Saint-Etienne-en-Dévoluy, puis de Savines et il mourut en retraite à la Plaine, en 1911.

Construction du clocher. — Le vieux clocher n'était nullement en rapport avec l'église et, en 1868, il avait été détérioré par la foudre. En 1869-1870, il fut

1. Arch. parois.

remplacé par un autre très beau, sur lequel fut posé un paratonnerre. La dépense s'éleva à 18.000 fr. L'Etat et le département accordèrent une subvention de 2.500 fr; pour avoir des angles en pierres taillées, le curé versa 1.200 fr., fournis soit par la fabrique, soit par des particuliers; *la commune vota le reste de la dépense, soit 14.300 fr.*

HORLOGE PUBLIQUE. — A cet édifice, on ajouta une horloge publique du prix de 1.800 fr., dont 1.000 fr. furent donnés par Jean Gévaudan et le reste par les habitants.

AMEUBLEMENT DE L'ÉGLISE. — Acquisitions faites de 1865 à 1884 : Bancs circulaires du chœur, 800 fr.; — fonts baptismaux et tribunes : 1.300 fr.; — harmonium, 750 fr., don de Jean Gévaudan; — ostensoir en vermeil, 1.225 fr., don de Marianne Seinturier; — ciboire en vermeil, 550 fr., don d'Emilie Escallier; — Sacré-Cœur, 276 fr., don d'Adélaïde Martin-Bise; — chandeliers de saint Joseph, don de Joseph Vincent-Bertrand; — deux lustres, 115 fr., don d'Aubin; — deux autres petits lustres et trois lampes, dont l'une donnée par Emilie Eyraud, née Nicolas; — une bannière, 660 fr., don des congréganistes; une chasuble en drap d'or fin, 550 fr., don des femmes et des filles; — une blanche en damas soie, don de l'impératrice Eugénie; — trois autres chasubles, une exposition du très Saint-Sacrement, 110 fr.; — un costume de suisse, 140 fr.; — habits d'enfants de chœur, etc.

CONFRÉRIE DES PÉNITENTS. — En 1865, le curé André donna à cette association une nouvelle vie, qui ne dura pas longtemps.

MISSIONS. — Le curé André en fit donner deux qui produisirent des fruits abondants de salut. La première fut prêchée en 1873 par les PP. Véran, Paul et Borel, de Notre-Dame du Laus.

La seconde, donnée par François-Clément Casal, eut pour prédicateurs en 1877 les PP. Paul, Alleq et Roux (de Notre-Dame du Laus).

Dans l'intervalle de ces deux missions, un jubilé avait été prêché par l'abbé F. Pascal, curé du Château.

Translation du cimetière. — En 1865, le cimetière, situé autour de l'église, fut transféré en dessous du bourg. Sa croix en marbre bleu est l'œuvre et le don de Garnier Toupon; elle fut bénite à la clôture de la mission de 1873, et le lendemain, le donateur, mort la veille, était inhumé à ses pieds.

CHAPITRE XVIII

Ecoles libres catholiques

Le curé Motte [1]. — Motte Julien naquit au Chanet de Saint-Julien, en 1827. Après avoir été curé de la Chapelle-en-Valgandemar, du Château-d'Ancelle et de Poligny, il fut nommé, en 1884, curé d'Ancelle. En 1892, il devint curé de Buissard et il mourut en retraite à Saint-Julien, en 1912.

Un legs de 100.000 francs. — Un ancien instituteur, Jean-Baptiste Brun, d'Ancelle, s'était engagé, s'il gagnait une grosse somme à une loterie, de l'affecter à la fondation d'écoles catholiques dans sa paroisse, dont celle des garçons serait dirigée par les Petits Frères de Marie. Quelque temps après sa mort, l'un de ses numéros gagnait 100.000 francs !

Aussitôt une société civile des écoles libres d'Ancelle fut constituée comme il suit : Président : M. Edmond Hugues, avocat à Gap; secrétaire : M. Joseph-Abraham Marillac, à Gap; trésorier : M. Léon Marillac, ancien instituteur à Ancelle. Autres membres : M. Paul Lemaître, avocat à Gap; à Ancelle, MM. Pierre Eyraud, Charles Vincent, François Pélissier, Joseph Lombard, Théophile Escallier-Croze.

Création et ouverture des écoles de garçons. — Sur cette somme de 100.000 fr., 10.000 fr. furent

1. Abbé Ranguis : *Ibid.* — Arch. parois.

ÉCOLES CATHOLIQUES D'ANCELLE Cl. Ranguis.

dépensés en frais divers ou en reconnaissances gracieuses, notamment à M. l'abbé Lombard, que les héritiers avaient chargé d'aller retirer la somme à Paris. Près de 50.000 fr. furent employés à la construction et à l'ameublement de la très belle maison, dite des Frères. Les 40.000 fr. restant devaient servir, par leurs revenus, au traitement des instituteurs et à l'entretien des bâtiments.

On poussa rapidement les travaux, dans lesquels le curé Motte paya de sa personne et le 1er octobre 1887, avait lieu l'ouverture des écoles de garçons avec deux professeurs et un frère servant. De la paroisse et des environs les élèves y affluèrent au nombre de 120.

SÉCULARISATION DU PERSONNEL ENSEIGNANT. — En 1904, parut la loi interdisant l'enseignement aux congrégations religieuses, suivie aussitôt de leur expulsion. On fut donc obligé de remplacer les Frères par de pieux laïques auxquels, sous l'administration du curé Robert, succédèrent les anciens Frères sécularisés Laugier et Rouchi. De la sorte, l'enseignement resta profondément religieux.

UNE GROSSE PERTE. — La somme destinée au payement des maîtres avait été placée dans des sociétés financières qui firent malheureusement de très mauvaises affaires. Depuis lors, on a dû exiger des élèves une rétribution. N'importe ! La presque totalité des petits garçons du bourg et un bon nombre des hameaux, soit une moyenne de 80, continuent de fréquenter l'école libre.

ECOLE LIBRE DES FILLES. — L'école communale des filles du chef-lieu était dirigée, à la pleine et entière satisfaction des habitants, par des religieuses de la Providence de Gap. Contre elles l'instituteur laïque Espitallier, manigança de telle sorte que l'administration remplaça par des laïques ces admirables éducatrices.

Aussitôt, le curé Motte créa pour les filles une école libre qui fut installée dans les locaux vacants de l'école des Frères. L'ouverture s'en fit pareillement le 1er octobre 1887, et la très grande majorité des parents put ainsi continuer de confier ses fillettes aux bonnes Sœurs.

Les choses durèrent ainsi jusqu'en 1904, époque à laquelle l'Etat ferma brutalement les écoles dirigées par des congréganistes. Ce n'est qu'en 1919 que cette école sera rétablie avec des religieuses sécularisées.

Mission. — En 1887, le curé Motte fit prêcher avec plein succès une mission par les PP. Franciscains Pichon et Morand. Elle est rappelée par une croix plantée à l'intersection du chemin des Barris et de celui de Serre-Reynier.

CHAPITRE XIX

La Paroisse d'Ancelle après 1892

LE CURÉ RANGUIS ET SES ŒUVRES. (1892-1903) [1]. — Né en 1844, Jean Ranguis fut successivement curé de Molines-en-Champsaur, de Barret-le-Bas, des Orres, d'Etoile-Saint-Cyrice et du Noyer. Le 28 juillet 1892, il était nommé à Ancelle où il restait jusqu'en 1903, époque à laquelle il permutait avec le curé de Saint-Jean-de-Montorcier, pour prendre ensuite sa retraite à Chabottonnes, son pays natal.

Il publia contre le régime maçonnique les brochures suivantes : *A qui la faute ? La Loi scélérate, Le Chapeau électoral, L'Homme noir et les emberlucoqués, Le Christ c'est le Roi, Le Péril suprême,* et eut deux fois son traitement supprimé par la République. A ces publications il faut ajouter, dans un autre genre, une *Notice sur Ancelle* et une autre sur *le Mandement de Montorcier*.

MISSION ET RETRAITES. — En 1893 fut prêchée une retraite dont le souvenir est rappelé par une croix plantée prés du grand pont d'Ancelle. En 1896, belle mission prêchée par les PP. Paul, Roulx et Carthan de Notre-Dame du Laus. Une croix sur piédestal en pierre blanche, don de la famille Pélissier et située à

1. Arch. parois.

Porte-Guigne, nous apprend qu'un jubilé fut prêché dans la paroisse en 1901.

Pèlerinages des hommes. — En 1896, un pèlerinage, composé exclusivement d'hommes du diocèse, eut lieu à Notre-Dame du Laus. *Trois mille* hommes y prirent part, parmi lesquels on en compta environ 200 des deux Ancelle. Chaque groupe de pèlerins portait un drapeau du Sacré-Cœur et une oriflamme de Jeanne d'Arc. La piété et l'enthousiasme des pèlerins étaient indescriptibles et faisaient couler de bien douces larmes.

L'année suivante, second pèlerinage dans les mêmes conditions, composé de près de quatre mille hommes.

Acquisitions a l'église. — Six chandeliers et croix du maître-autel, 1.500 fr. — Une cloche de 835 kilos, 2.450 fr. — Grisailles de cinq fenêtres, ouverture et vitrail de celle du chœur, 900 fr. — Deux calorifères, 600 fr. — Un lustre, 300 fr. — Quatre candélabres, 130 fr. — Trois pentes d'autel, dont l'une en drap d'or et une autre en velours soie, 320 fr. — Quatre chasubles, dont deux en drap d'or, 600 fr. — Chape noire et bannière pour les enterrements, 160 fr — Statue de saint Antoine de Padoue, 380 fr. — Divers, 915 fr.

Le curé Arnaud. — Né en 1858 à Saint-Etienne-d'Avançon, l'abbé Arnaud, échangea, en 1903, son poste de Saint-Jean-de-Montorcier pour celui d'Ancelle où il resta six ans. De là il se retira dans son pays natal et vint ensuite mourir curé de Neffes en 1916. Il avait formé à Ancelle, un superbe chœur de chantres.

Sous son administration eut lieu une belle résistance aux inventaires des biens de l'église.

Le curé Robert. — Jean Robert naquit à Laye en 1864. Il devint curé de Saint-Genis, puis de Montmorin, de Saint-Jean-des-Crottes, de Sigoyer et de Manteyer. En 1909, il fut nommé à Ancelle.

MISSIONS. — En 1912, mission prêchée avec un très grand succès, pendant trois semaines, par les PP. Filiatre et Fabre, Oblats de Marie Immaculée. Les hommes s'approchèrent à peu près tous des sacrements. Pour en perpétuer le souvenir, on planta sur la place de Champ-Croumpa une croix sur laquelle on voit un superbe Christ en fonte, du prix de 300 fr.

En décembre 1919, nouvelle mission de quatre semaines, prêchée par les PP. Martin et Moron, de Notre-Dame du Laus. Les exercices en ont été très bien suivis; néanmoins, deux douzaines d'hommes n'ont pas eu le courage d'aller jusqu'au bout. Trois croix ont été plantées pour rappeler le souvenir de ces jours de salut.

VISITES PASTORALES. — Le 9 juin 1919, visite pastorale de Mgr de Llobet et confirmation des enfants de la paroisse. Monseigneur est venu une seconde fois, en mai 1921, administrer le sacrement de Confirmation. Au cours de ses deux visites, il a félicité la paroisse de ses sentiments religieux. Troisième visite et confirmation en 1924.

RÉOUVERTURE DES ÉCOLES CATHOLIQUES DE FILLES. — Ces écoles avaient dû être fermées en 1904, parce qu'on n'avait pas des ressources suffisantes pour remplacer les Sœurs par de pieuses laïques. Le curé Robert résolut de les rétablir, en faisant payer aux enfants le chauffage, les fournitures classiques et une rétribution de 3 ou 5 francs par mois. On répare les locaux, on y amène une source d'eau potable, on procède aux formalités légales et, aux premiers jours de novembre 1919, les écoles s'ouvrent sous la direction de deux saintes filles, Mlles Abonnel, du Domaine de Saint-Bonnet, religieuses sécularisées du couvent de Saint-Joseph de Gap. Le premier hiver, elles réunissaient une cinquantaine d'élèves; en 1922, elles en comptaient près de quatre-vingts.

ACQUISITIONS A L'ÉGLISE. — Quatre lys en bronze doré et quatre candélabres à fleurs, 310 fr. — Une statue de Jeanne d'Arc, 200 fr. — Une statue de saint Martin et une de saint Joseph, données par la famille Brochier Garnier Toupon, 400 fr. — Une chape en drap d'or avec étole et voile de même, 390 fr.; une noire, 90 fr. — Une chasuble drap d'or, payée par les familles des démobilisés de la grande guerre, 1.700 fr. — Une chasuble blanche pour la chapelle des Matherons, 300 fr.; une pente d'autel pour cette chapelle, 250 fr. — Quatre costumes d'enfants de chœur, 100 fr. — Une chasuble noire, 400 fr., payés par les familles des soldats morts à la guerre. — Deux bannières de 400 fr. chacune. — Construction d'une salle de patronage au rez-de-chaussée du presbytère, 800 fr. — Une croix surmontée d'un Christ en fonte, 300 fr. — Monument aux morts de la guerre, 4.000 fr.

CHAPITRE XX

La Guerre à la Religion

Le règne des loges. — En 1876 et aux élections suivantes, avec une grosse majorité de députés sortis des Loges, la Franc-Maçonnerie arrivait au pouvoir et s'efforçait aussitôt de réaliser son programme d'anéantissement du Catholicisme. Résumons ses principaux actes de persécution.

Laïcisation de l'enseignement. — En 1880, dans les écoles de l'Etat, laïcisation de l'enseignement, suivie en 1896 de celle du personnel enseignant. Plus de crucifix, plus de catéchisme, plus de prière.

Laïcisation de l'armée. — Suppression des aumôniers. Défense aux troupes d'entrer dans l'église quand elles rendent les honneurs militaires à un défunt (1883). Avancement refusé aux officiers catholiques; les hauts grades réservés aux officiers libres-penseurs, juifs, protestants ou francs-maçons.

Laïcisation des hôpitaux. — A partir de 1884, les Sœurs en sont chassées et chassé aussi le crucifix. Le prêtre est refusé aux moribonds qui n'ont pas pu le demander par écrit.

Laïcisation des tribunaux. — Les crucifix en sont enlevés; le serment religieux est supprimé.

Guerre aux Congrégations religieuses. — En 1880, expulsion de dix mille religieux par la force armée et confiscation par l'Etat de leurs biens. Quant aux

Congrégations restantes, l'Etat essaye de les faire mourir de faim et à petit feu en les écrasant d'impôts exceptionnels (1884-1901); en leur interdisant d'enseigner, même dans les écoles libres (1896-1901) et en leur imposant le service militaire (1889-1901). Finalement, elles sont étranglées, interdites et leurs biens confisqués en vertu de la loi sur les associations (20 juin 1901). Pour les expulser, l'Etat lance les troupes à l'assaut des couvents et fait couler le sang de leurs défenseurs.

En 1903, expulsion des religieux de la Grande-Chartreuse, dont le crime était de faire annuellement *quinze cent mille francs d'aumônes*. Un régiment d'infanterie et deux escadrons de cavalerie avaient été réquisitionnés à cet effet.

Guerre aux morts. — En 1908, confiscation par l'Etat des fondations pieuses qu'ils avaient faites pour le repos de leurs âmes.

Contre le clergé séculier. — De 1881 à 1905, suppressions arbitraires par l'Etat des traitements ecclésiastiques. En 1905, par la loi de séparation des Eglises et de l'Etat, suppression du budget des cultes et confiscation des églises et de leurs biens.

A l'assaut des églises. — Pour procéder à l'inventaire de ces biens, l'Etat lance à l'assaut des églises gendarmes, troupes, agents du fisc et crocheteurs. En maints endroits, le sang des catholiques coule.

Dans notre région. — *Laïcisations.* — Laïcisation des nombreuses écoles tenues par les Frères et les Sœurs.

Suppression de traitements. — Sont mis dans l'alternative ou de changer de poste ou d'avoir leur traitement supprimé par l'Etat les curés suivants : *Giraud,* à Saint-Jean-de-Montercier; *Dauphin,* à Laye; *Fortoul,* à Tallard; *Martin,* à Saint-Etienne-en-Devoluy; *Didier,* à Saint-Léger; *Ranguis,* une première fois à Etoile et une seconde à Ancelle; *Jean Robert,* à Saint-Jean-des-Crottes; *Reynier,* une première fois au Glaisil et une seconde fois à Laye; *Vincent,* à Chauvet.

Expulsions. — L'évêque est expulsé de son palais épiscopal, dont s'empare l'Etat. Sont expulsés de même professeurs et élèves du Grand et du Petit Séminaire, qui sont confisqués.

Parce qu'ils refusent de payer des loyers exorbitants exigés par des municipalités sectaires, sont expulsés de leurs presbytères les curés suivants : *Motte Alexandre,* contre lequel est dirigée une expédition militaire composée de plusieurs brigades de gendarmerie et de 150 soldats de la garnison de Gap; *Jean Robert,* à Sigoyer; *Reynier,* à Lardier et ensuite à Vitrolles.

VAILLANTS CATHOLIQUES, LES ANCELLUS. — *Pour la pratique de la religion.* — Sans doute on constate, dans la paroisse, une grande diminution dans l'assistance aux exercices de piété. Mais rares sont ceux qui manquent la messe du dimanche ou le devoir pascal. A cette population de 650 âmes, on distribue annuellement plus de 4.000 communions. D'autre part, la paroisse verse, chaque année, plus de 2.000 fr. pour le denier du culte.

Pour la défense de leurs écoles. — Dans le chef-lieu, bien que payantes, les écoles catholiques ont huit à neuf fois plus d'élèves que celles des laïques; et si ce n'était l'éloignement, il en serait de même dans les hameaux.

En 1887, un étranger établi dans la commune, ayant, par ses manigances, fait laïciser l'école des filles, mal lui en prit. Un jour, les femmes s'attroupent autour de son domicile et l'abreuvent d'avanies. On dit même que des gaillardes n'hésitèrent pas à le fouetter. Une spirituelle et interminable chanson, sur l'air de *Jean de Nivelle,* fut aussitôt composée, dans laquelle il était honni de belle façon; et les maisons, les champs et les rues en retentirent pendant plusieurs mois.

Pour la défense de leurs curés. — Sept ans plus tard, la femme d'un autre individu faisait supprimer le traitement du curé Ranguis. A son tour, elle était pareillement chansonnée par les femmes et les filles qui la représentaient, sur la palissade de son jardin, costumée en ridicule et affreux mannequin. Quant au curé, la générosité des fidèles lui faisait son traitement.

Pour la résistance aux inventaires. — Dès qu'on apprit que l'église était menacée, on se hâta d'en enlever et placer en lieu sûr le mobilier. On fit plus : on voulut en interdire l'entrée aux agents du fisc.

Les portes en furent solidement barricadées avec des poutres, reliées entre elles par des chaînes de fer. A ces poutres, on se proposait d'attacher les mules les plus méchantes du pays, lesquelles auraient repoussé les assaillants par leurs ruades. Des guetteurs furent chargés d'avertir de l'approche de l'ennemi. Au signal par eux donné et jusqu'à ce que le danger eût disparu, les cloches devaient être sonnées à toute volée, et la population se masser autour de l'église pour protester énergiquement.

On s'attendait à l'arrivée des agents du fisc, des gendarmes et de l'armée au retour de leur expédition à Saint-Laurent, Saint-Julien et Chaillol. Tout était prêt pour la résistance quand on apprit que, dans cette dernière localité, ils avaient dû repartir pour Gap en laissant inachevée leur besogne sacrilège : une dépêche, annonçant la mort de l'un des persécuteurs, le f∴ ministre Rouvier, ordonnait de surseoir à la violence.

Ce fut presque une déception. Après une longue attente, les envolées joyeuses des cloches réunirent néanmoins les habitants, mais ce fut pour les inviter à se réjouir et à rendre grâces à Dieu.

CHAPITRE XXI

La Grande Guerre (1914-1918)

L'INVASION. — Pendant que chez nous on faisait la guerre à la religion, l'Allemagne, unie à l'Autriche, s'armait fiévreusement et se préparait à écraser la France.

Et voilà que, le 4 août 1914, elle déchaînait l'épouvantable guerre qui allait bientôt devenir mondiale, et coucher dans la tombe dix millions d'hommes. Violant la neutralité de la Belgique, elle se ruait sur cette contrée, et de là elle se précipitait sur notre frontière avec des armées de beaucoup supérieures aux nôtres comme nombre et comme matériel de guerre. En moins d'un mois, huit à dix de nos départements tombaient en son pouvoir et Paris allait avoir le même sort.

VICTOIRE DE LA MARNE. — La France paraissait perdue; la Providence ne le permit pas. Nommé généralissime de nos armées, Joffre prive de leur commandement, parce que incapables, et remplace près de deux cents généraux ou autres officiers supérieurs, puis, au début de septembre, il fait cesser la retraite et ordonne une attaque générale. Le résultat en fut la miraculeuse et brillante victoire de la Marne. Paris était sauvé.

La guerre des tranchées. — Arrêté dans sa marche foudroyante, l'ennemi se mit à se fortifier formidablement dans les positions qu'il avait conquises. Pour l'en déloger commença alors cette horrible guerre de tranchées qui allait se prolonger pendant quatre années, avec des alternatives de succès et de revers, accompagnés de souffrances inouïes.

La victoire finale. — Enfin Dieu eut pitié de la France. Il nous avait déjà procuré des alliances précieuses, entr' autres celles de la Belgique, de l'Angleterre et de l'Italie, puis celle des États-Unis d'Amérique qui remplacèrent la Russie devenue félonne. Foch succédait à Joffre et devenait ensuite généralissime de toutes les troupes alliées. En juillet 1918, nous prenions résolument l'offensive sur tout le front et marchions de victoires en victoires. Ecrasés et acculés à subir un désastre sans précédent, nos ennemis sollicitaient humblement la fin des hostilités. Le 11 novembre 1918, un armistice était conclu, qui allait être suivi d'un traité de paix. C'était la fin de la guerre.

Mais dans la pauvre France que de désastres ! Pendant plus de quatre années, huit à dix de nos départements avaient été occupés par l'ennemi, systématiquement pillés, saccagés, incendiés, ruinés, et les dommages ainsi causés s'élevaient à plus de cent milliards de francs. De plus, quatorze cent mille de nos soldats avaient été tués; plus de cinq cent mille avaient été faits prisonniers, et qui pourrait dire le nombre des mutilés et de ceux dont la santé fut ruinée pour toujours ?

Les généraux de la victoire. — Il y a lieu de remarquer que la plupart des généraux à qui Dieu donna la victoire sont des catholiques pratiquants. Citons-en quelques-uns.

Maréchal Foch. — A un frère jésuite. Assiste dévotement à la messe et communie tous les huit jours. Sur le point de lancer la grande offensive du 16 juillet 1918, avait commandé une neuvaine de messes auxquelles il avait assisté et communié tous les jours; en même temps avait consacré ses armées au Sacré-Cœur de Jésus. A ceux qui le félicitaient de ses victoires il répondait : « Ce n'est pas moi qui ai fait ces grandes choses, c'est Dieu qui les a faites par moi. »

Maréchal Pétain. — Va à la messe régulièrement et communie.

Maréchal Franchet-d'Esperay. — Exécute brillamment, en Orient, l'offensive préparée par son prédécesseur et qui aboutit à la capitulation de la Bulgarie et de la Turquie. Les soldats le voyaient à la messe chaque dimanche avec son Etat-Major.

Maréchal Fayolle. — Très pieux; dévot de la messe.

Général de Castelnau. — Assiste à la messe tous les jours et est un habitué de la communion fréquente. A eu ses trois fils tués à la guerre.

Général Gouraud. — Amputé d'un bras, est un catholique fervent. A un frère prêtre, vicaire à Paris et une sœur religieuse cloîtrée à la Visitation.

Général Mangin. — Ardent catholique, a un frère prêtre et religieux chez les Pères Blancs du cardinal Lavigerie.

Général Humbert. — Assiste à la messe tous les dimanches.

Général Maistre. — Ardent catholique aussi.

Général Guillaumat. — Remplace à la tête de l'armée d'Orient le f.·. Sarail et prépare la grande offensive de 1918. Assiste à la messe tous les dimanches.

Maréchal Haig. — Commandant en chef des troupes britanniques en France, est fervent catholique et a un frère prêtre rédemptoriste.

Amiral Benson. — Commandant en chef des troupes navales des Etats-Unis, est un ardent catholique.

MORTS AU CHAMP D'HONNEUR. — *Paroisse d'Ancelle.* — Achin Germain. — Blanc Maurice. — Borel Hippolyte. — Bresson Joseph. — Brochier Vincent. — Clément Barthélemy. — Clément Joseph. — Escallier Joseph-Benoît. — Espitallier Esprit. —

Espitallier Jean-Victor. — Espitallier Joseph-Esprit. — Eyraud Jean Vial. — Eyraud Joseph, cafetier. — Eyraud Joseph, garde. — Eyraud Joseph Tore. — Favier Joseph Chari. — Garnier Denis Paret. — Favier Joseph Bégadon. — Garnier François, Cunts. — Garnier François Gay. — Garnier Jean Toupon. — Garnier Joseph Toupon. — Garnier Pierre Toupon. — Garnier Jean Vivian. — Grimaud Germain. — Lombard Louis. — Matheron François. — Philippe Germain. — Philippe Gustave Fauveton. — Philippe Joseph, père. — Rambaud Joseph. — Abbé Robert Léonce. — Seinturier Joseph. — Seinturier Théophile. — Villar Denis. — Villar Eugène Raymondon. — Vincent Joseph Jérichon.

Paroisse du Château. — Borel Auguste. — Clément Hilaire. — Clément Joseph. — Espitallier Joseph Peiroti. — Espitallier Marin Peiroti. — Lombard Joseph. — Paulin Joseph. — Philippe Joseph Bontous. — Provansal Jean.

Monument civil a ces héros. — A leurs enfants morts pour la patrie les deux Ancelles décidèrent d'élever un monument sur la place de ville. Une souscription ouverte à cet effet produisit la somme de 5.435 fr. Voici les noms des principaux donateurs :

François Pélissier, des Faix, versé ou recueilli par lui chez nos compatriotes d'Amérique, 1.500 fr. — Antoine Pélissier, 125 fr. — Vve Garnier Toupon, 100 fr. — Martin Brochier, 100 fr. — Martin Seinturier, 100 fr. — Pierre Eyraud, ex-maire, 100 fr. — Louis Lombard, 100 fr. — Denis Garnier, 100 fr. — Eugène Astier, maire, 50 fr. — Cyrus Escallier, 50 fr. — Vve Eugène Villar, 50 fr. — Germain Nicolas, 50 fr. — Jean Eyraud, 50 fr. — Laurent Matheron, 50 fr. — Pierre Matheron, 50 fr. — Firmin Eyraud, 50 fr.

Ce monument, en pierre blanche, se compose d'une colonne à quatre faces sur lesquelles sont gravés, en lettres dorées, les noms des 47 soldats qui ont donné leur sang et leur vie pour la France. Au-dessus est représenté un poilu frappé à mort et pressant sur son cœur le drapeau de la patrie.

Cl. Ranguis.

MONUMENT AUX MORTS DE LA GUERRE
ET PRESBYTÈRE

Sa bénédiction et son inauguration solennelle ont eu lieu en 1920, en présence de M. Caillat, député des Hautes-Alpes, de M. Grimaud, conseiller général de Saint-Bonnet, de M. Déléglisse, président de l'association des mutilés de la guerre, des administrateurs de la commune et de la foule accourue à cette patriotique cérémonie.

MONUMENT RELIGIEUX. — Le curé Robert a fait placer dans l'église d'Ancelle un autre monument en marbre blanc sur lequel sont inscrits, en lettres dorées, les noms des soldats de la paroisse morts au champ d'honneur. On y voit un groupe en carton romain comprimé, polychromé, représentant, au pied de la croix, la Vierge des Douleurs qui tient sur ses genoux le corps inanimé de son divin Fils. Il est dominé par un vitrail sur lequel est représenté Notre-Seigneur bénissant des tombes et tendant la main à la France, lequel a été payé par Albert Astier.

Voici les noms des principaux donateurs :

Albert Astier, 2.000 fr. — Brochier Martin Toupon, 200 fr. — Eyraud Joseph Vial, 200 fr. — Brochier Joseph, soldat, 150 fr. — Garnier Eyraud, Denis Gay, 150 fr. — Eugène Astier, maire, 100 fr. — Espitallier Clotilde-Esprit, 100 fr. — Eyraud Pierre Tore, 100 fr. — Lombard Louis, 100 fr. — Philippe Germain, 100 fr. — Philippe Joseph Fauveton, 100 fr. — Pauline Villar, 100 fr. — Emilie Vincent, 100 fr. — Maria Boisset, 100 fr. — Robert Jean, curé, 100 fr. — Pierre Matheron, 60 fr. — Philippe Martin, père, 60 fr. — Cyrille Villar, 60 fr. — Rosalie Seinturier, 60 fr. — Pauline Seinturier, 55 fr. — Jean Chauvet, 50 fr. — Cyrus Escallier, 50 fr. — Ernest Escallier, 50 fr. — Pierre Escallier Benoît, 50 fr. — Joseph Espitallier Victor, 50 fr. — Aimé Eyraud, 50 fr. — Ambrosine Eyraud, 50 fr. — Cyrille Eyraud, 50 fr. — Alphonsine Grimaud, 50 fr. — Laurent Matheron, 50 fr. — Clément Nicolas, Jean Victor, 50 fr. — Victor Bresson, 50 fr. — Alphonse Pélissier, 55 fr. — Martin Seinturier, 50 fr. — Hippolyte Seinturier, 100 fr. Tout en versant moins, les autres donateurs ont été néanmoins généreux, puisque la souscription s'est élevée à près de 4.000 fr.

La bénédiction de ce superbe monument a été faite par Mgr Llobet le 2 décembre 1923. Elle avait été précédée d'une retraite préparatoire. Ce jour-là communion générale pour nos héros des filles, femmes et enfants auxquels se sont joints beaucoup d'hommes et de jeunes gens. Eglise comble et richement parée; discours et chants de circonstance; appel émouvant des morts en l'honneur desquels on est venu déposer des gerbes de fleurs au pied du monument.

En somme, cérémonie ravissante au cours de laquelle bien des larmes ont été versées en union avec celles de Notre-Dame des Sept-Douleurs.

Un riche don. — Ayant remarqué qu'à Verdun on souffrait de la pénurie de lait, notre compatriote d'Amérique, M. François Pélissier, en 1923, a donné et expédié gracieusement aux pauvres de cette ville vingt bonnes vaches laitières. Le cadeau représente une somme d'une quarantaine de mille francs. Nos chaleureuses félicitations.

DEUXIÈME PARTIE

LE CHATEAU D'ANCELLE — Cl. Ranguis.

CHAPITRE I

Le Château d'Ancelle du XVe au XIXe Siècle

SES ORIGINES. — Il en a été question au IIIe chapitre de ce volume.

Maisons anciennes. — En 1395, le notaire Isoard avait son étude au village du Château. En 1424, une maison est signalée à côté du Rochasson, *juxta Rochassum;* c'est celle actuellement habitée par Lombard Brigadel. Sur la plaque du foyer des châtelains Provansal, qui vinrent habiter le Château après la grande Révolution, on lit : Jean Provansal, 1601. Le four public porte la date de 1685.

Les maisons suivantes furent, sinon bâties, du moins restaurées aux XVIe et XVIIe siècles dont elles conservent le style : portes et fenêtres à accolades et croisillons : 1° Celle des nobles de Bataille, qui existait déjà en 1424 et sur l'escalier intérieur de laquelle on lit la date 1580. Elle est devenue propriété de Marius Chabot.

2° Celle des notaires Grenier, devenue maison Philippe Bontous et Pierre Escallier, à la jonction du chemin du Collet et de la route de Gap. Sur la plaque du foyer on lit : Honoré Grenier, 1624, et sur celle du portail : P. G., 1660. Sous la grande Révolution, une pierre de ce beau portail fut martelée par des vandales étrangers, parce qu'on y voyait sculptés une croix et des lys.

3° La maison Para, maintenant Nicolas Germain, sur le chemin du Collet. Sur la porte d'entrée est écrit : P. M., 1685. Là aussi il y eut un cabinet de notaire.

PREMIÈRE ÉRECTION DU CHATEAU EN PAROISSE

En 1670 [1]. — Le 28 janvier 1643, les consuls et la communauté d'Ancelle, qui comptait alors 1.200 âmes, adressèrent une supplique à Mgr Arthur de Lionne pour en obtenir un co-curé. Ils y disaient :

« La paroisse d'Ancelle-Faudon est de trez grande estendue, où il y a sept grandz hameaux, distantz d'une demie-lieue l'un de l'autre, tous lesquelz sont peupléz d'un grand nombre d'habitants, tellement qu'un seul curé ne peut suffire, et ils en demandent un second.... »

A l'Evêché, cette supplique et celles qui la suivirent furent prises en bienveillante considération; l'administration fit mieux que d'accorder un curé; elle érigea le Château en paroisse, sous le titre de Sainte-Catherine, titulaire de son église.

Curés de Sainte-Catherine-du-Chateau jusqu'en 1804 [2]. — *Lombard Charles*, de 1670 à 1673, nommé ensuite à Saint-Nicolas. — *Garnier Claude*, de 1673 à 1685, nommé ensuite à Aspres-les-Corps. — *Chaix Gabriel*, curé de la Roche-des-Arnauds, nommé au Château en 1685, y meurt en 1687. — *Rolland Dominique*, curé de Sainte-Luce-en-Beaumont (Isère) [3], nommé en 1687, devient curé de Romette en 1688. — *Faure Jean*, de 1688 à 1689, d'abord chapelain de Tallard et, plus tard, curé de Monêtier-Allemont. — *Reboul Pierre*, nommé en 1689, y meurt en 1692. — *Arnaud*, de 1692 à 1694. — *Dalmas Benoît*, curé de Saint-Symphorien-en-Trièves (Isère) [4], curé du Château de 1694 à 1701. — *Chaix Joseph*, curé de Buissard,

1. Abbé Ranguis.
2. *Ibid.* et Arch. parois.
3. Le Beaumont et Le Trièves faisaient alors partie du diocèse de Gap.
4. *Ibid.*

devient curé du Château de 1701 à 1702. — *Dalmas Benoît*, nommé une seconde fois au Château en 1702, y meurt en 1729, et est enseveli près de l'autel. — *Donnéaud*, de 1729 à 1730, devient ensuite curé de la Rochette. — De 1730 à 1733, le service religieux est fait par *Meyer*, qui se signe pro-curé d'Ancelle, puis curé de Saint-Léger.

Le 7 décembre 1734 est décédé et, le lendemain, a été enseveli dans l'église de Sainte-Catherine, près de l'abbé Dalmas, l'ancien curé Chaix Joseph, en retraite au Château. Il était âgé d'environ 65 ans.

En 1733, *Guibert* est pro-curé de Sainte-Catherine. — *Baille*, nommé au Château en 1733, y meurt et y est enseveli le 21 janvier 1745. — *André Pierre*, curé de Saint-Nicolas, nommé au Château en 1735, y meurt la même année. — *Fouillard*, en 1735. — *Preyre Jean*, nommé en 1735 et transféré à la Bâtie-Montsaléon en 1742. — *Robert Matthieu*, de 1742 à 1744, passe à Sigoyer. — *Maximin François*, de 1744 à 1752, devient ensuite curé d'Urtis (Basses-Alpes), alors du diocèse de Gap. — *Martin Joseph*, de 1753 à 1780. — *Rambaud Jean*, de Saint-Laurent-du-Cros, curé du Château de 1780 à 1802, se retire à Saint-Michel-de-Chailiol en 1802, devient, en 1804, curé d'Aubessagne, où il meurt en 1810. — *Dusserre-Telmont Laurent*, curé de Saint-Julien-en-Beauchaîne, nommé au Château en 1804, voit la paroisse supprimée par l'administration civile, cette même année et il devient curé de la Chapelle-en-Valgondemar.

LE PRESBYTÈRE [1]. — *Acquisitions*. — L'habitation qui servait de presbytère depuis 1670 était bien loin d'être convenable. Le 26 juin 1673, le curé Claude Garnier, « agissant tant en son nom qu'en celui des habitants, non seulement du Château, mais de Saint-Hilaire et des Matherons [2] », et avec l'autorisation des consuls, l'échangea contre une maison apparte-

1. Arch. d'Ancelle.
2. Saint-Hilaire et les Matherons avaient donc été compris par l'évêque dans la paroisse du Château.

nant à Esprit Escallier-Bontous, auquel il s'engagea, au nom des susdits habitants, de payer une plus-value de 120 livres [1].

Réparations. — Afin d'approprier cet immeuble à sa nouvelle destination, Claude Garnier se fit payer par les paroissiens 30 livres pour achat des gros meubles requis par les règlements diocésains, édits du roi et arrêts du parlement, tels que tables, chaises, garde-robes, crémaillère, etc., plus 75 livres pour les réparations les plus urgentes.

Enfin, sur sa demande, la municipalité le chargea, par bail à prix fait de 105 livres, des autres réparations : réfection de la cheminée, des planchers et des portes, trois greniers dans la chambre du levant, clôture de la cour en murs avec portail ; escaliers pour arriver à la grange, tour pour y monter le foin et un *pasteurier;* à l'écurie, une crèche et un râtelier de quatre cannes [2], etc.

Le 19 juillet 1679, Claude Garnier avait touché ces diverses sommes, soit 830 livres. Or, en 1685, il recevait son changement pour Aspres-les-Corps et il quittait la cure sans en avoir achevé les réparations, sans même y laisser les meubles réglementaires. Son successeur réclama auprès des consuls. Ceux-ci firent alors signifier à Garnier, sous peine de poursuites judiciaires, d'avoir à fournir les meubles ou de rembourser les 30 fr. reçus pour leur achat, et en outre d'avoir à achever de suite les réparations. Le délinquant se hâta de s'exécuter.

La partie nord du presbytère fut revendue avant 1743, puisque, le 29 juin de cette année, lors de sa tournée pastorale, l'évêque ordonnait de séparer par un mur arrivant jusqu'au toit, une pièce qui, faute de séparation, était commune avec le voisin.

1. Cette maison se composait, non seulement du presbytère actuel, mais de celle qui lui est contigüe. L'écurie était dans cette dernière.

2. Le presbytère primitif était donc la misérable chaumière que les Bontous habitèrent du XVIIe à la fin du XIXe siècle et qui tombe complètement en ruines. Située au bas du village, sur la route de Gap et devenue la propriété de la famille Joseph Escallier-Merle, elle se composait d'une cuisine et d'une chambre vaste.

Réparations et acquisitions [1]. — En 1701, les consuls firent exécuter pour 235 livres de réparations à l'église.

Le confessionnal actuel date de la fondation de la paroisse. Les boiseries qui ont été placées au chœur de la nouvelle église sont du XVIIIe siècle, dont elles portent le style.

La petite cloche fut achetée en 1722; elle eut pour parrain Joseph Rostaing de Bataille, et pour marraine Marie Sias de Bataille.

Une croix en fer forgé sur colonne en pierre taillée, placée devant l'église, porte la date de 1783.

Les reliques de sainte Catherine et de saint Sébastien furent acquises en 1787.

Ordonnance de l'évêque de Gap [2]. — Vers le milieu du XVIIIe siècle, église, sacristie, presbytère et cimetière étaient dans un pitoyable état; et pourtant les revenus de l'église s'élevèrent à 235 fr. jusqu'à la grande Révolution. Qu'on en juge par les extraits suivants de l'ordonnance faite par Mgr Jacques de Condorcet, lors de sa visite pastorale, le 29 juin 1743 :

« Nous, évêque, comte et seigneur de Gap, ordonnons ce qui suit :

Eglise et sacristie. — Que soient faites des réparations au calice et à l'ostensoir. Que soient achetés une custode et une bourse pour le saint Viatique. De même un missel, des burettes, des chaînes à l'encensoir et à la lampe d'église. De même deux nappes d'autel, une nappe de communion, deux cordons et une demi-douzaine de manuterges. De même un dais convenable et une étole blanche et violette. De même une chasuble en satin fleuri de toutes couleurs, et que soit dégraissée la chasuble blanche. De même deux chandeliers en laiton pour l'autel de la Vierge, qui devra être réparé, ainsi que la table de communion. De même une piscine pour les fonts baptismaux, un prie-Dieu pour le curé, une cuvette et un essuye-mains pour la sacristie.

Que le tabernacle de l'autel soit construit en pierre; que l'on fasse, pour le placer au-dessus, l'acquisition d'un tableau de la titulaire, sainte Catherine. Que le plancher de la

1. Arch. d'Ancelle.
2. Arch. parois.

sacristie soit refait à neuf; que les murs en soient crépis et blanchis; que l'on place des châssis avec vitres à sa fenêtre et à celle de l'église. Que soient réparés les toits de l'église et du presbytère.

Cimetière. — Que le cimetière situé devant l'église soit clôturé en pierres sèches, et qu'une croix y soit plantée.

Voulons et ordonnons que tout ce que dessus soit fait et fourni tant par le sieur prieur-décimateur, que par la commune et par qui de droit, chacun en ce qui le concerne, dans l'espace de trois mois pour ce qui concerne les vases sacrés et les ornements; de six mois pour la clôture du cimetière, sous peine d'interdit; d'une année pour les autres réparations et fournitures. »

Interdiction du cimetière [1]. — Les habitants avaient choisi pour cimetière la bande de terrain située au sud de l'église. Mais le sous-sol formant cuvette, les eaux qui s'y infiltraient n'avaient pas d'écoulement et emplissaient les tombes. Aussi, par respect pour leurs morts et pour ne pas les séparer de leurs ancêtres, beaucoup de familles continuaient à les faire inhumer dans le cimetière d'Ancelle.

La population ayant négligé de le clôturer, comme l'avait prescrit Mgr de Condorcet, le cimetière du Château, à partir de 1744, fut et resta interdit par décision épiscopale.

Suppression de la paroisse [2]. — En 1804, en vertu du règlement d'administration publique annexé au Concordat, le législateur supprima la paroisse du Château, dont les habitants furent ainsi obligés de reprendre le chemin de l'église d'Ancelle.

1. Arch. parois.
2. *Ibid.*

CHAPITRE II

De 1804 à la Séparation

DEUXIÈME ÉRECTION DU CHATEAU EN PAROISSE [1]

Pendant trente-trois ans la population eut à souffrir de la suppression de la paroisse. Enfin, faisant droit aux instances qui lui étaient adressées par elle et par l'autorité diocésaine, l'administration de Louis-Philippe, *par ordonnance du 13 décembre 1836, érigea le Château en succursale.* En 1837, un curé y était nommé et un Conseil de Fabrique y était aussitôt constitué.

CURÉS DU CHATEAU DE 1837 A 1842. — *Martin Jean-Antoine,* né à Saint-Bonnet en 1805 et curé de Chaillol, fut nommé au Château en 1837; en 1840 il était transféré à la Plaine.

L'abbé Garnier lui succéda la même année et, en 1842, il fut nommé à Champoléon.

ETAT DE LA PAROISSE [2]. — Voici les renseignements que le curé Martin fournissait à l'évêque, le 19 septembre 1837.

Eglise. — Une cloche donnée par les de Bataille. — Maître-autel assez décent, avec un tableau de sainte Catherine et une garniture complète de chandeliers.

1. Arch. parois.
2. *Ibid.*

Sacristie. — A l'exception de deux chasubles et d'une chape achetées depuis mon arrivée, à peu près tout y est en mauvais état. — Dix chasubles, une chape, trois aubes, deux cordons, un surplis, quatre amicts, quatre corporaux, une pale, vingt-cinq purificatoires. — Un calice et un ciboire tout argent, dorés intérieurement; un ostensoir en argent. — Pas de dais. — Pas de bénitier portatif; rien que le goupillon.

Presbytère et cimetière. — Le presbytère tombe en ruines. Le cimetière est interdit depuis 1744.

Ici, une incidente. Lors de la visite pastorale de Mgr Nicolas-Augustin de la Croix d'Azolette, le 7 juin 1838, le presbytère était réparé, et la commune faisait construire un nouveau cimetière sur la colline de Sainte-Catherine.

Confrérie des Pénitents. — La Confrérie des Pénitents-Blancs du Saint-Sacrement avait été établie à Ancelle, lors de la brillante mission de 1823. Après l'érection de la nouvelle paroisse, le groupe du Château, hommes et femmes, se mit à fonctionner dans son église et à y chanter l'office chaque dimanche. La Confrérie y sera canoniquement érigée en 1842.

Via Crucis. — Le 16 juin 1839, l'abbé Martin, muni d'un diplôme en règle, érigeait deux chemins de croix : l'un dans l'église, qui sera remplacé en 1855; l'autre, le long du sentier qui conduit à Sainte-Catherine; les croix en sont tombées de vétusté.

Pendant sa courte administration, ce bon prêtre réussit à établir dans la paroisse un riche fonds de piété.

RELIQUES DE Ste CATHERINE ET DE S. SÉBASTIEN [1]

Nous avons vu qu'en 1787 la paroisse avait eu le bonheur de s'enrichir des reliques de sainte Catherine et de saint Sébastien. C'était le premier dimanche de juillet.

Pour les recevoir des mains de ceux qui les apportaient, les paroissiens, organisés en procession, se

1. Arch. parois.

rendirent en masse sur la colline de Font-Garmand, à mi-chemin de Sauron. Là, on plaça religieusement sur des brancards gracieusement enguirlandés les bustes étincelants de dorures dans les socles desquels étaient renfermées les reliques et leur translation dans l'église se fit triomphalement aux chants des cantiques d'allégresse de toute l'assistance. Dans le cortège on remarquait, bien que ce fût un dimanche, aux côtés du curé Rambaud, neuf autres prêtres des environs. « C'était si pieux, si beau, si ravissant et l'enthousiasme si extraordinaire que l'on se serait cru en paradis », disait un témoin oculaire de longues années plus tard.

Pour commémorer cette solennité, il fut décidé que, chaque année, le premier dimanche de juillet, on porterait processionnellement reliques et statues jusqu'au lieu où l'on avait reçu le précieux trésor, et où un petit oratoire fut bâti dans la suite par P. Giraud.

Leur seconde translation. — Sous la Terreur, les saintes reliques furent cachées religieusement par les fidèles, pour être soustraites à toute profanation.

Malheureusement, l'acte officiel attestant leur authenticité fut perdu pendant cette longue période de troubles. Pour y suppléer, le curé Garnier alla aux informations orales. Plusieurs personnes honorables, entr'autres dame veuve Rostaing de Fontclair de Bataille, déposèrent, sous la foi du serment, que les reliquaires étaient intacts et tels qu'elle les avait vus avant la Révolution.

Sur ces témoignages, le curé, cédant aux instances des fidèles, exposa, comme auparavant, les saintes reliques à leur vénération, spécialement le jour et pendant l'octave de leurs fêtes respectives. En outre, le premier dimanche de juillet, elles furent de nouveau portées processionnellement jusqu'à Font-Garmand, celles de sainte Catherine par les filles, et celles de saint Sébastien par les jeunes gens.

Les bustes ayant été notablement détériorés, la procession traditionnelle fut suspendue par le curé

Gévaudan. Elle eut lieu de nouveau avec l'autorisation de l'évêque, après qu'ils eurent été remplacés par le curé Aimé Blanc, en 1874. Mais, dans la suite, les brancards ayant été brisés et non renouvelés, cette pieuse et louable pratique fut abandonnée. Depuis lors, le culte public rendu à ces saintes reliques consiste simplement à les exposer à la vénération des fidèles pendant leur fête et leur octave.

Aux reliques ci-dessus et à celles des pierres d'autel, il faut ajouter les suivantes qui ont été, plus tard, procurées à l'église par le curé Gévaudan. Enchâssées dans un reliquaire en cuivre, elles sont accompagnées des actes attestant leur authenticité, délivrés par Mgr Dépéry, le 1er septembre 1859 [1]. On en fait l'exposition en la fête des saintes Reliques et aux grandes solennités, spécialement à celles de la sainte Vierge. En voici l'énumération :

1° Reliques du voile de la sainte Vierge et des vêtements de saint Jean-Baptiste. — 2° D'un bras de sainte Agathe, vierge et martyre. — 3° Des os de sainte Ursule, vierge et martyre. — 4° Des os de saint Clément, pape et martyr. — 5° Des vêtements de saint Dominique, confesseur. — 6° Des vêtements de saint Louis, évêque de Toulouse. — 7° Des os de saint Grégoire et autres martyrs.

Le curé Gévaudan et ses œuvres (1842-1871) [2]. — Né au bourg d'Ancelle en 1811, Jean-Joseph Gévaudan descendait d'une ancienne famille de notaires. Après avoir été quelque temps curé de Montgardin, il fut nommé au Château le 21 août 1842. Il y est resté légendaire par un ministère des plus actifs et spécialement par une sévérité excessive envers ses congréganistes. Après avoir desservi la paroisse pendant près de trente ans, il y mourut, profondément regretté des habitants, qui l'honoraient comme un saint prêtre. Bien que plus de cinquante ans se soient écoulés depuis qu'il n'est plus, on continue à parler de lui avec respect, reconnaissance et vénération.

1. Arch. parois.
2. *Ibid.*

En dépit des instances de sa famille, il voulut absolument dormir son dernier sommeil dans le cimetière de Sainte-Catherine, au milieu de ses paroissiens. Conformément à ses dernières volontés, pour l'exécution desquelles il avait laissé une somme de 500 fr., son successeur fit placer sur son tombeau une colonne en pierre taillée, surmontée d'une statue de la sainte Vierge.

Construction de l'église et du clocher. — Malgré sa tribune, l'église était trop petite pour une population d'environ 300 âmes; de plus, son toit en ardoises et sa voûte en planches étaient en très mauvais état. L'agrandir, au levant, de sept mètres, sur l'emplacement d'une maison contigüe qu'on achèterait et démolirait; surélever notablement les murs et, par des contreforts, les rendre assez solides pour supporter une voûte en briques; exhausser le sol de cinquante centimètres pour le rendre moins humide, et remplacer le froid pavé par un plancher en mélèze; sur le pignon, ouvrir une porte et un œil-de-bœuf; de même, trois fenêtres sur les murs du midi; refaire à neuf la toiture; construire une sacristie au midi; en construire une seconde au nord, avec murs assez épais pour servir de base à un clocher, lequel serait édifié aussitôt après. Pour tout cela ne pas compter sur une subvention de la commune, parce qu'elle serait refusée : tel est le vaste projet que conçut l'abbé Gévaudan.

Or, ce projet, il eut l'habileté et la ténacité de le réaliser de 1847 à 1849. Bénite en cette dernière année, la nouvelle église fut solennellement consacrée le 26 mai 1865, par Mgr Bernadou.

Le devis de l'église s'élevait à 8.000 fr., y compris 1.000 fr. pour l'achat de la maison voisine, et celui du clocher à 1.050 fr., soit un total de 9.050 fr. Les habitants souscrivirent pour 1.443 fr. de travaux ou de fournitures et pour 1.782 fr. en espèces sonnantes, soit une contribution volontaire de 3.225 fr. La Fabrique affecta à cette construction les 2.000 fr. du legs Emilie Para. Le reste de la dépense fut couvert par les subventions du département et de l'Etat.

AMEUBLEMENT DE L'ÉGLISE, SOUS L'ADMINISTRATION DU CURÉ GÉVAUDAN. — Décoration de l'église par le suisse Escalla Rocho, environ 400 fr. — Maître-autel en marbre, acheté, en 1850, grâce aux dons de chrétiens généreux, environ 1.000 fr. — Deux autels latéraux en marbre, 300 fr. — Douze chandeliers balustres avec croix pour le maître-autel, 260 fr. — Huit chandeliers balustres avec croix pour autels latéraux, 140 fr. — Table de communion en fonte, 200 fr. — Deux lustres en cristal, 400 fr. — Une chaire d'une grande beauté, par Allemand, de Chaillol, placée en 1868, 420 fr. — Un chemin de croix, 300 fr. — Clôture du jardin en maçonnerie, 1.250 fr., dont 500 fr. fournis par la commune, 250 fr. par la Fabrique et 500 fr. par le département. — Ornements et linge d'église, 400 fr.

ACHAT DE LA CLOCHE MOYENNE. — CURÉ GÉVAUDAN. — La cloche Bataille, du poids de 50 kilos seulement, était trop petite pour la paroisse. En 1862, on en acheta à Burdin une seconde pesant 562 kilos. battant compris. Elle fut solennellement bénite, le 6 juillet de la même année. La commune fit les frais de la charpente. Quant à la cloche, elle fut payée par une souscription des habitants, qui produisit 1.055 fr.

Les principaux souscripteurs furent Joseph Espitalier, 280 fr.; Philippe Philippe, 220 fr.; le curé Gévaudan, 100 fr.

MISSIONS. — En 1842, une mission-jubilé fut prêchée, avec des résultats merveilleux, par le P. Eymar, vicaire de Chorges [1], lequel prêcha aussi avec grands fruits une retraite, l'année suivante. — En 1856, seconde mission dont les prédicateurs furent les PP. Jean et Jouve, de Notre-Dame du Laus. — En 1863, troisième

1. Jacques Eymar naquit à Arvieux-en-Queyras en 1810. Il eut un oncle curé de Chorges et un frère curé de Laye. Devenu prêtre, il se vit obligé pour des raisons de famille de quitter l'ordre des O. M. J, et il fut donné pour vicaire à son oncle. En 1843, il fut nommé curé de Laye, où il fit bâtir une église et laissa une grande réputation de sainteté. De là, il fut appelé à diriger la paroisse de Saint-Pierre-d'Argenson. En 1858, sur les conseils du curé d'Ars, il vint se consacrer à l'évangélisation du Diois (Drôme), dont les populations étaient en très grande partie protestantes. Il s'établit à Barnave, où il ne trouva que dix catholiques et il y fonda la congrégation des PP. de Sainte-Croix. Il mourut en 1862.

mission, prêchée par le P. Eymar et l'abbé Allemand, de Chaillol.

CONFRÉRIE DES PÉNITENTS DU TRÈS SAINT-SACREMENT. — L'établissement de cette confrérie, nous l'avons vu, eut lieu sous le curé Martin. Son érection canonique se fit en 1842. A la première réception, on compta 22 hommes et 30 femmes; à celle de 1850, 10 hommes et 4 femmes. Malheureusement, elle ne tarda pas à décliner et, en 1865, elle ne fonctionnait plus.

CONFRÉRIE DU CŒUR IMMACULÉ DE MARIE. — Elle fut canoniquement établie en 1842, lors de la mission du P. Eymar et rattachée à l'archiconfrérie de Notre-Dame des Victoires. Son but est la conversion des pécheurs. S'y firent inscrire toutes les femmes et les filles, ainsi que la plupart des hommes et jeunes gens. Tombée peu à peu en désuétude, elle sera restaurée en 1916. (V. p. 162).

CONFRÉRIE DE NOTRE-DAME DU MONT-CARMEL. — Elle remonte pareillement en 1842 et, depuis lors, la plupart des paroissiens en font partie.

CONFRÉRIE DE LA BONNE VIE ET DE LA BONNE MORT. — Elle fut canoniquement érigée en 1863, avec plus de cent membres. Elle sera renouvelée en 1917.

CONGRÉGATION DE FILLES. — Elle fut fondée en 1842 aussi, avec le concours du P. Eymar, sous le vocable de l'Immaculée-Conception. Mais pour y réussir, que de préjugés à combattre! Les jeunes personnes s'imaginaient qu'une fois enrôlées, elles ne pourraient plus se marier! Cette année et l'année suivante, l'abbé Gévaudan réussit pourtant à leur faire accepter un règlement des plus rigoureux. Les femmes n'avaient pas de congrégation spéciale, mais elles pouvaient avoir part aux avantages spirituels de celle des filles.

CONFRÉRIE DU ROSAIRE. — Elle fut pareillement établie en 1842 et 1843. S'y enrôlèrent toutes les femmes, toutes les filles et un très grand nombre d'hommes et de jeunes gens. Tombée peu à peu en désuétude, elle sera canoniquement rétablie en 1917.

Chemin de croix. — L'abbé Gévaudan favorisa de toutes ses forces la dévotion si salutaire du *Via Crucis*. Il remplaça, dans l'église, les petites gravures du Chemin de Croix par de grands tableaux mesurant un mètre sur 0 m. 80. Cette nouvelle érection eut lieu en 1850.

Autres dévotions. — Aux exercices du *Mois de Marie*, auxquels tout le monde assistait, il ajouta *la dévotion des Quarante Heures* en 1854, et celle de *l'Octave des Morts* en 1863. — En 1846, *les communions pascales* étaient de 105 femmes et de 45 hommes seulement; les années suivantes, on y compta toutes les femmes et tous les hommes, à l'exception d'une quinzaine. *Aux grandes solennités* arrivèrent à communier une centaine de femmes et une dizaine d'hommes. *Les communions de chaque semaine* étaient en moyenne de 35 pour les femmes et de 2 pour les hommes. — *Propagation de la Foi*; recettes : 50 fr. en 1846 et 65 à 70 les années suivantes.

Divers [1]. — *Population de la paroisse* : 320 âmes en 1846 et 300 en 1865. — *Revenus ordinaires de l'église* : chaises, 50 fr.; legs Para, 50 fr.; subvention de la commune, 50 fr.

Visites pastorales : en 1846 et en 1858, visites de Mgr Dépéry; le 26 mai 1865, visite de Mgr Bernadou et consécration de l'église.

Chapelles du Collet. — Avant la grande Révolution, il y avait, au Collet, deux chapelles : celle de Saint-Philippe et de Saint-Jacques et celle de Saint-Martin. Le premier recteur connu de ces deux chapelles est Armand André, vers 1676. Viennent ensuite : Eyraud François, prieur de Chabottes (1682-1685); Eyraud Honoré (1685-1734); Vincent Jean-André (1734-1744); Thomé Claude, archiprêtre de Gap (1744-1748) [2].

Jardin. — En 1869, le jardin du presbytère fut clôturé de murs. Coût : 1.250 fr., dont 250 fournis par

1. Arch. parois.
2. *Ibid.*

la Fabrique, 500 par la commune et 500 par le département.

LE CURÉ AIMÉ BLANC. (1871-1874) [1]. — Né à Saint-Bonnet en 1843, Blanc Aimé, d'abord curé à Saint-Pierre-Avez, fut nommé au Château le 1er octobre 1871. En 1874, il passa à la Fare, puis à Saint-Laurent-du-Cros, à Charbillac et enfin il se retira à Saint-Bonnet en 1906, où il mourut en 1919.

PRINCIPALES ACQUISITIONS A L'ÉGLISE. — *Chasubles* : une drap d'or, 110 fr.; une noire, une violette et une étole obtenues de l' « Œuvre des églises pauvres ». — *Une bannière*, 152 fr., payée par les jeunes filles. — *Une paire de candélabres à cinq branches*, don de l'abbé Reverdy. — *Un ciboire en vermeil*, avec son pavillon, don de Joachim Espitallier, 325 fr. — *Une crédence* pour sacristie, 320 fr., dont 200 donnés par Joachim Espitallier. — *Statues de sainte Catherine et de saint Sébastien*, 200 fr.

L'abbé Blanc remit en usage la procession traditionnelle des Reliques de sainte Catherine et de saint Sébastien.

LE CURÉ PASCAL. (1874-1877) [2]. — Pascal François naquit à Lépine en 1848. Après avoir été vicaire à Chorges, il devint curé du Château du 1er juillet 1874. De là il fut nommé vicaire à la cathédrale, puis aumônier du lycée et il prit sa retraite à Gap.

LES PASTORALES. — Ecrivain et poète distingué, l'abbé Pascal composa deux pastorales délicieuses dialoguées avec chants; l'une, en patois du pays, a pour thème *Les Bergers à l'étable de Bethléem*, l'autre *L'Adoration des Mages*. Il les fit représenter avec le plus grand succès dans l'église du Château par les jeunes congréganistes. C'était très édifiant : après le premier sourire du début, on voyait les plus durs verser des larmes, *coumo lou pung*.

L'abbé Pascal se proposait de mettre de même en pastorales et de faire représenter les principales

1. Arch. parois.
2. Arch. parois. et renseignements fournis par l'abbé Pascal.

scènes de l'Evangile. Son départ de la paroisse l'empêcha de mettre ce projet à exécution. C'est à cette occasion que naquit dans nos Alpes le Félibrige dont il devint le digne « capiscol » (chef d'école patoise).

Parmi ses œuvres patoises signalons-en deux autres qui lui furent inspirées par son affection pour la paroisse : *Les Fatourguetos* dans lesquelles, parlant du Château, il disait :

« Li sieu esta dins un village
A la flour de moun iage,
Et me n'en souvendrei
Tant que viourei. »

Et, en effet, revenu visiter le Château et parler à l'église après plus de quarante ans, ses yeux se mouillaient encore de larmes en se rappelant les beaux jours qu'il avait passés au milieu de cette population si docile et si religieuse.

Principales acquisitions a l'église. — *Une exposition* en bois doré pour le très Saint-Sacrement. — *Une chasuble rouge,* 120 fr. — *Une statue de la sainte Vierge,* 100 fr., don de François Clément. — *Fonts baptismaux* en terre cuite, 160 fr.

Etat de la paroisse. — *Devoir pascal.* — Lorsque l'abbé Pascal arriva au Château, douze à quinze hommes négligeaient leur devoir pascal. Lorsqu'il en partit, tous l'accomplissaient à l'exception d'un seul, et celui-là vint le trouver à Gap pour se réconcilier avec Dieu. Quant aux communions de dévotion, elles continuaient à être en grand honneur. Les communions annuelles peuvent être évaluées à près de 2.400. — Le dimanche, tous les hommes, aussi bien que les femmes, assistaient religieusement à la messe. Il en était à peu près de même aux vêpres, bien qu'elles en fussent séparées pendant la belle saison. Au dernier son de la cloche, les auberges étaient fermées et les parties de boules interrompues. « Plus qu'un point pour terminer », disaient parfois les jeunes gens, et le curé de répondre : « Vous ne le ferez pas », et il était obéi.

Pendant la semaine, on voyait à la messe la plupart des personnes qui n'en étaient point empêchées par l'éloignement ou par leurs travaux. L'assistance était très considérable les mercredis et vendredis de carême, ainsi qu'aux fêtes supprimées par le Concordat.

Mois de piété. — Le soir, au chemin de croix et aux autres exercices de carême, au Mois de Marie, et à ceux de saint Joseph et du Sacré-Cœur, belle assistance aussi, non seulement de filles, de femmes et d'enfants, mais même d'hommes du chef-lieu.

En présence de tels faits on comprend qu'un vicaire général, M. Zéphyrin Blanchard, et tous les prêtres du diocèse avec lui, aient pu dire alors : « Le Château d'Ancelle c'est un couvent sans grille. »

Le curé Gaillard (1877-1881) [1]. — Né aux Costes en 1850, Gaillard Florent, après avoir été vicaire à Saint-Bonnet, fut curé du Château de 1877 à 1881. De là il fut nommé à Champoléon, puis à Chauvet, ensuite à la Motte et à Saint-Jacques; enfin il se retira à Saint-Bonnet. En 1880, il obtint pour la paroisse l'autorisation de recevoir la bénédiction du très Saint-Sacrement tous les dimanches de l'année.

Principales acquisitions. — *Achat du vitrail de l'œil-de-bœuf*, 250 fr. — *Pose de pierres taillées à l'œil-de-bœuf et à la porte de la façade principale*, 750 fr. — *Deux anges adorateurs*, 125 fr., don d'Aimé Vincent. — *Un Sacré-Cœur*, 150 fr., don de la marquise de la Mazelière. — *Bancs des chantres* et pose, au chœur, des boiseries de l'ancienne église, 115 fr.

Les curés Motte et Blanc Joseph (1881-1884) [2]. — Né au Chanet-de-Saint-Julien, Motte Julien, d'abord vicaire à Saint-Etienne-en-Dévoluy, desservit le Château du 1er juillet 1881 au 15 février 1882. De là, il fut

1. Arch. parois.
2. *Ibid.*

envoyé à Poligny, puis à Ancelle, ensuite à Buissard. Il mourut en retraite à Saint-Julien, en 1912.

Blanc Joseph, né en 1850 aux Garets de Saint-Maurice-en-Valgaudemar, d'abord curé du Sauze, devint curé du Château du 1er juillet 1882 à novembre 1884. De là, il fut appelé à desservir Aspres-les-Corps, puis le Noyer et ensuite Chabottonnes, où il mourut en décembre 1903.

PRINCIPALE ACQUISITION DE L'ABBÉ BLANC. — *Un calice en vermeil,* 500 fr.

LE CURÉ GRIMAUD (1885-1888[1]. — L'abbé Grimaud Ferdinand était né en 1853 aux Combes de Saint-Bonnet. D'abord curé de Chaudun, puis de Sainte-Marie de Rosans, il fut nommé au Château le 1er juillet 1885. Le 1er octobre 1888, il quittait cette paroisse pour aller exercer le saint ministère en Louisianne. A son retour, en 1920, il se fixa à Gap, où il mourut en 1923.

Il augmenta, au Château, le nombre des chantres et il y forma un excellent chœur de jeunes filles. En 1888, il y établit *l'Apostolat de la Prière*, qui sera définitivement organisé par son successeur.

PRINCIPALES ACQUISITIONS. — Une bannière du Sacré-Cœur et de Sainte-Catherine, payées par les hommes. — *Deux candélabres à fleurs*, 120 fr., don de Joseph Escallier-Fonconnier. — *Deux chasubles violettes,* 120 fr. donnés en partie par Aimé Vincent, etc.

ACHAT DE LA GROSSE CLOCHE. — Poids, 365 kilos. Dépensé pour son achat et ses accessoires, 1.274 fr. ; pour la charpente et l'ouverture des fenêtres de la flèche du clocher, 110 fr.; *total, 1.384 fr. Le parrain et la marraine, Paul-Augustin Escallier et sa femme, Marianne de Bataille, ont donné 600 fr.;* 115 fr. ont été produits par une quête faite à l'église.

JARDIN DU PRESBYTÈRE. — Il a été agrandi par l'achat d'un terrain voisin. Cette partie a été clôturée en murs et palissade par la commune, 750 fr.

1. Arch. parois.

Le curé Jules Blanc (1889-1897) [1]. — Frère de l'abbé Joseph ex-curé du Château, Jules Blanc était né aux Garets de Saint-Maurice-en-Valgaudemar. Du Mélézet il fut nommé curé au Château le 1er juillet 1889 et, pendant huit ans, il en fit le service avec un très grand zèle. Le 1er juillet 1897, il devint curé du Forest-Saint-Julien. Il fut ensuite nommé curé-archiprêtre d'Orcières, où il mourut en 1912.

Sous son administration, en 1893, eut lieu l'incendie de l'usine Chauvet.

Principales acquisitions. — *Fonts baptismaux* en marbre blanc, 300 fr. — *Bannière* des filles, 200 fr. — *Huit candélabres à roses*, 600 fr., don d'Adélaïde Fonconnier. — *Six soutanes violettes* avec surplis et barrettes pour enfants de chœur, 130 fr. — *Pente en drap d'or* pour maître-autel, 100 fr., don d'Adélaïde Fonconnier. — *Phare* pour chauffer l'église, 250 fr.

Pèlerinages. — En 1896, pèlerinage à Notre-Dame du Laus des 3.000 hommes, suivi de celui des 4.000 en 1897. Les paroissiens du Château prirent part en foule à ces manifestations grandioses de foi et de piété.

Etat de la paroisse. — Population : 220 âmes. — Revenus de l'église, y compris une subvention de la commune de 100 fr. : 174 fr. — *Devoir pascal*, très peu d'abstentions. — *Assistance à la messe*, le dimanche : la presque totalité. — *Assistance aux exercices de piété*, pendant la semaine : bon nombre de femmes et même d'hommes. — *Apostolat de la Prière*, 1er et 2e degré : neuf quinzaines, dont plus de 40 hommes ou jeunes gens; 3e degré, communion réparatrice au moins mensuelle : 40 personnes.

1. Arch. parois.

CHAPITRE III

De la Séparation à nos Jours

Denier du culte. — Le budget des cultes ayant été supprimé, l'administration du diocèse voulut assurer à ses curés un traitement fixé à 800 fr. somme à laquelle elle ajouta, plus tard, une indemnité de cherté de vie. A cet effet, elle établit le denier du culte, en imposant les paroisses proportionnellement au chiffre de leur population. Taxé primitivement à 400 fr., le Château le fut, plus tard, à 700 et Ancelle passa de 1.200 à 2.000. En même temps le casuel fut doublé. Nos populations acceptent et couvrent généreusement ce surcroît de dépenses, et n'en continuent pas moins à donner pour les autres bonnes œuvres.

Quêtes a domicile. — La commune ne pouvant plus légalement voter des subventions pour les frais du culte, c'était pour chacune des deux églises une perte de 100 fr., la Fabrique du Château y suppléa par l'établissement d'une quête annuelle faite à domicile, et en doublant le tarif des chaises d'église, qui fut fixé à 2 fr.

Les inventaires. — L'Etat ayant prescrit à ses agents de procéder à l'inventaire des biens des églises, les catholiques virent dans cette mesure une menace de confiscation de ces mêmes biens. En conséquence, la

Cl. Ranguis.

ÉGLISE DU CHATEAU D'ANCELLE

population du Château s'empressa d'enlever vases sacrés, meubles, ornements et de les tenir cachés jusqu'à ce que le danger eut disparu.

Le curé Motte (1897-1906)[1]. — Motte André-Germain, né en 1864 à Saint-Laurent-du-Cros, après avoir été curé de Prapic, puis d'Agnielles, fut nommé curé du Château le 1er juillet 1897. Il se vit obligé, en 1906, pour raison de santé de demander un congé, et il se retira à son pays natal où il mourut en 1919.

Sous son administration avait eu lieu la résistance aux inventaires.

Mission de 1900. — Les frais de cette mission furent faits en très grande partie (400 fr.) par Marie Roussin, d'Orcières, ancienne domestique, au Château, de Lombard Brigadel. Elle fut prêchée avec un plein succès, en janvier par les PP. Jaussand et Fournier de Notre-Dame du Laus. Deux hommes seulement ne s'approchèrent pas des sacrements. En souvenir de ces pieux exercices une croix en fer forgé, montée sur piédestal, fut placée dans le cimetière.

Principales acquisitions. — *Statue de saint Antoine de Padoue,* avec tronc, 150 fr., don de Louis Escallier-Paul. — *Une chasuble blanche*, avec filets or, 100 fr., don de Rosalie Escallier-Paul. — *Trois aubes*, dont deux au crochet. — *Candélabres*, une paire de grands et une paire de petits, 130 fr. — *Un croissant* à neuf bougies. — Fait revernir les douze chandeliers du maître-autel, 100 fr. — Réparation par la commune des murs du cimetière, dans lequel fut charriée une grande quantité de terre.

Le curé Vallet (1907-1909). — Né à Chaillol en 1881, Victor Vallet, après avoir été quelques mois professeur au Petit Séminaire, fut curé du Château de mars 1907 à 1909, époque à laquelle il fut transféré à Champoléon.

Après son départ, la paroisse fut privée, pendant un an, de curé résidant et confiée à l'abbé Vivian, qui la

1. Arch. parois.

desservit avec un zèle admirable, même en hiver, pendant un an.

Le curé Reynier (1910-). — Originaire de Lacou et né en 1854, Jérémie Reynier fut successivement curé de Chaudun, d'Eourres, du Glaisil, de Laye, de Lardier, puis archiprêtre de Vitrolles.

Enfin, sur sa demande, il fut nommé au Château-d'Ancelle en octobre 1910. La population de la paroisse était alors de 200 âmes, et les ressources ordinaires de l'église de 135 fr., fournies par les chaises et une quête à domicile.

Il y composa la présente notice sur Ancelle et le Château.

Mission de 1912. — Donnée par Mlle Rosalie Philippe Gibronde, elle fut prêchée en février, pendant trois semaines, par les PP. Fabre et Burle, oblats de Marie Immaculée. Tous les adultes sans exception s'approchèrent de la Table eucharistique, et environ huit cents communions furent distribuées. Une croix commémorative fut plantée près du cimetière et quatre autres ailleurs.

Confréries. — *La Confrérie du Cœur Immaculé de Marie* et celle *de la Bonne Vie et de la Bonne Mort* ont été ressuscitées, l'une en 1916 et l'autre en 1917, et la presque totalité des femmes et des jeunes filles s'y est fait inscrire. Tombée en désuétude, l'Association de l'Apostolat de la Prière, avec sa dizaine quotidienne, a été remplacée par *la Confrérie du Rosaire,* avec promesse de dire au moins un chapelet par semaine. Cette confrérie a été érigée canoniquement le 15 août 1917, et femmes et filles s'y sont fait admettre en grande majorité. — En 1918, à la Congrégation des Enfants de Marie a été ajoutée *la Congrégation des Mères chrétiennes,* dans laquelle ont été reçues les deux tiers des femmes.

Mission de 1919. — Les frais de cette mission ont été faits par Mlles Marguerite Brochier, 800 fr., et Noélie Escalier-Bataille, 300 fr. Elle a été prêchée pendant trois semaines par le P. Pellegrin, de Notre-

Dame du Laus, et s'est clôturée le jour de Noël. A peu près tous ceux qui en ont profité ont tenu à faire pour le moins deux ou trois communions.

VISITE PASTORALE DE Mgr DE LLOBET. — Le 9 juin 1919, visite pastorale de Mgr de Llobet, qui administre la Confirmation aux enfants de la paroisse. Depuis 54 ans, le Château n'avait pas eu un tel honneur. Aussi toute la population accourut-elle pour faire au prélat une réception triomphale.

ACHAT ET POSE DE VITRAUX. — Indépendamment du vitrail de l'œil-de-bœuf, il n'y avait à l'église que trois fenêtres à vitres ordinaires, situées au sud et perchées au-dessus d'une large corniche, prolongement de celle du chœur, laquelle masquait près de la moitié de leur surface. Aussi l'intérieur de l'église était-il très sombre. En 1913, sur l'initiative du curé, la corniche était abattue et les trois fenêtres agrandies par le bas; on en ouvrait trois semblables en face et deux autres dans le sanctuaire. A toutes furent posés des vitraux à personnages; en même temps, l'intérieur de l'église fut de nouveau blanchi et décoré. A lui seul, l'achat des vitraux s'éleva à 1.220 fr. Les autres dépenses atteignirent le chiffre de 1.280 fr., dont 600 fr. furent payés par la commune.

PRINCIPAUX SOUSCRIPTEURS POUR L'ACHAT DES VITRAUX. — Abbé Louis Espitallier, vitrail de Notre-Dame de Lourdes en pied, 250 fr.— Léonie Cavalès, née Chabot, habitant le Canada, vitrail de saint Joseph en pied, 180 fr. — Joseph Escallier-Lachau, vitrail de Jeanne d'Arc en pied, 196 fr. — François Escallier-Lachau et sa sœur Marie, vitrail de saint Michel en pied, 193 fr.

La souscription totale a été de 1.080 fr.

OSTENSOIR. — L'ostensoir était brisé. Pour le remettre à neuf, le redorer, l'enrichir de 115 fr. de turquoises et de grenades et lui acheter un écrin, il a été dépensé 266 fr., fournis par une autre souscription.

STATUES ET TABLEAUX. — Statue de Jeanne d'Arc, 175 fr., don de la famille Provansal. — Statue de saint

Joseph, 100 fr., don de Joseph Espitallier-Joachim, Joseph Espitallier-Joanne et Joseph Faure. — Tableau du Saint-Cœur de Marie et tableau de saint Joseph, 100 fr. — Tableau du Saint-Rosaire, 50 fr., payé par les associés. — Six médaillons à l'autel de la Vierge. — Un autre avec chaîne d'or, de Marie Faure, 100 fr. — Une paire de candélabres pour saint Joseph, 165 fr., dont 100 fr. fournis par Hilaire Chauvet. — Lustre corona, 190 fr., dont 150 fr. fournis par la famille Garnier-Gusti. — Une statue de sainte Anne, achat et pose, 300 fr., don d'Anna Baclot. — Deux pentes d'autel en soie et or, 130 fr., don de Rosalie Espitallier et de Marie Escalier-Paul. — Divers, 400 fr.

Etat de la paroisse en 1923. — Après s'être progressivement élevées à plus de 3.000 en 1914, les communions annuelles sont retombées à 1.100 en 1922 et 1923. Les autres pratiques religieuses ont suivi la même marche. Pourtant le nombre de ceux qui manquaient leur devoir pascal, lequel était d'une douzaine à une quinzaine, n'a été que de sept en 1923 par suite de l'émigration de quelques-uns d'entre eux.

A lourdes. — Lors du pèlerinage diocésain à Notre-Dame de Lourdes en juin 1923, Mlle Lucie Escallier-Lachaup a été guérie soudainement et complètement d'une grave infirmité au genou qui nécessitait une opération chirurgicale et devait la laisser estropiée pour la vie.

Fontaines. — L'ancienne canalisation des fontaines du Château étant détruite, les habitants n'avaient plus à boire que les lavures des chemins ou l'eau sale de la rivière, depuis une trentaine d'années. A force de démarches, ils obtinrent enfin que des tuyaux en fonte leur amènent l'excellente eau des Auchettes. Commencés en 1923, les travaux furent terminés en 1924.

Notes

TESTAMENT DE NOBLE BENOIT DE BATAILLE [1]
LE 13 AVRIL 1509

(Extr. des minutes de Me Jacques Fabre, feuil. I-LVII, arch. des H.-A., IE, 39,23).

Voici un résumé traduit du latin de ce document intéressant :

Le testateur veut être enseveli à Ancelle, dans le tombeau de ses ancêtres. Pour son enterrement il sera fourni deux florins de cierges, dont quatre gros autour du cercueil, *intortitia*. Il sera donné une livre d'huile à l'église de Saint-Martin, une livre à celle de Sainte-Catherine-du-Château (on y conservait donc la sainte Eucharistie) et une demi-livre à celle de Sainte-Marie-de-Tournefort.

Services religieux. — Il veut qu'à ses funérailles on invite douze prêtres qui assistent à la messe et prient pour le repos de son âme; à chacun d'eux, outre le dîner on donnera deux gros et demi. Qu'il en soit de même à la messe du neuvième jour avec, pour honoraires, le dîner et un gros pour chacun.

Au deux premiers anniversaires de son décès on chantera, à Ancelle, une messe à laquelle seront invités huit prêtres aux honoraires d'un gros, plus le dîner pour chacun.

Il veut qu'on fasse célébrer de suite, pour lui et tous ses parents, un trentain de messes par Claude Matheron, aux honoraires de 30 gros. De même, dans les deux années qui suivront son décès, qu'un autre trentain soit célébré par les curés d'Ancelle, avec honoraires de 15 gros.

A sa femme. — A sa chère épouse Jeanne, tant qu'elle ne se remariera pas, il veut que soit servie une pension viagère de six sétiers de seigle, une charge *(saumata)* de vin, un quartier *(carteroum)* de fromage et un quartier de viande salée. De plus 18 gros pour l'achat d'un chapeau qu'il lui avait promis, 15 gros pour l'achat de souliers tous les ans et une robe tous les deux ans (le gros valait 0 fr. 95).

Si elle se remarie, on lui rendra sa dot, à laquelle on ajoutera cinq florins (le florin valait quatre gros, soit 144 deniers) [1].

Autres legs particuliers. — A sa chère sœur Bartholomée, épouse de Michel de Rostaing, il veut qu'il soit donné trois aunes de toile noire ; un florin à chacune de ses sœurs, nobles Madeleine, Agnès et Catherine Bataille. De même deux florins à chacune de ses sœurs nobles Aloyse et Marie Bataille. De même cinq florins à son cher noble Eymar Bataille. A chacune de ses chères filles, nobles Claude et Madelaine Bataille, cent florins, qui leur seront payés par annuités de cinq florins, à partir de leur mariage ; son épouse noble Jeanne étant enceinte, si elle met au monde une fille, il sera payé à celle-ci cent florins par annuités de cinq florins. Mais ces divers légataires n'auront pas d'autre part à son héritage.

Si son épouse noble Jeanne ne peut pas habiter avec les héritiers du testateur, on lui remettra, pour y jouir de sa pension sa vie durant, une des maisons de celui-ci à choisir par les amis du testateur.

Héritier universel. — Le testateur choisit pour héritier universel le ou les enfants mâles que son épouse enceinte actuellement mettra au monde. Si elle n'enfante que des filles, l'héritière universelle sera sa fille, noble Claude Bataille. Mais il y met pour condition qu'elle ne pourra se marier sans le consentement de noble Georges Bataille et de noble Jean Bataille, Antoine Isnard et Colin Escallier. Si elle passe outre, comme aussi si elle meurt sans enfants légitimes, l'héritière universelle sera sa sœur noble Madeleine Bataille. Si celle-ci a le même sort, le testateur lui substitue son frère, noble Jean Bataille. S'il arrive de même à Jean, les héritiers universels seront ses fils, nobles Georges et Claude Bataille.

Le testateur veut que son épouse Jeanne, noble Jean Bataille et Antoine Isnard soient administrateurs de ses biens, jusqu'à ce que son héritier universel soit en âge de les gérer.

1. G. de Manteyer.

Il veut, en outre, que ses legs particuliers ne soient payés qu'à raison d'un par an, en commençant par le légataire le plus âgé; et ce pour ne pas faire péricliter la maison paternelle.

Il désigne pour exécuteurs testamentaires les curés d'Ancelle, présents ou à venir, Pascal Escallier et Antoine Isnard.

Fait au Château d'Ancelle, dans la maison du testateur, de son frère et de ses cousins, en présence du notaire Jacques Fabre, soussigné, et de huit témoins désignés.

J. Fabre.

Table des Matières

PREMIÈRE PARTIE

DEUXIÈME PARTIE

AVIGNON. — IMP. AUBANEL FRÈRES

www.ingramcontent.com/pod-product-compliance
Ingram Content Group UK Ltd.
Pitfield, Milton Keynes, MK11 3LW, UK
UKHW022020170726
13837UKWH00001B/304